福井縣漢詩文の研究（増補改訂版）

―松平春嶽、吉田東篁、吉田惇、日下部太郎、橋本左内、小笠原長守、杉田鶉山、内藤栖圃の作品の研究と註釋―

前川幸雄 著

松平春嶽肖像写真
（福井市立郷土歴史博物館所蔵）

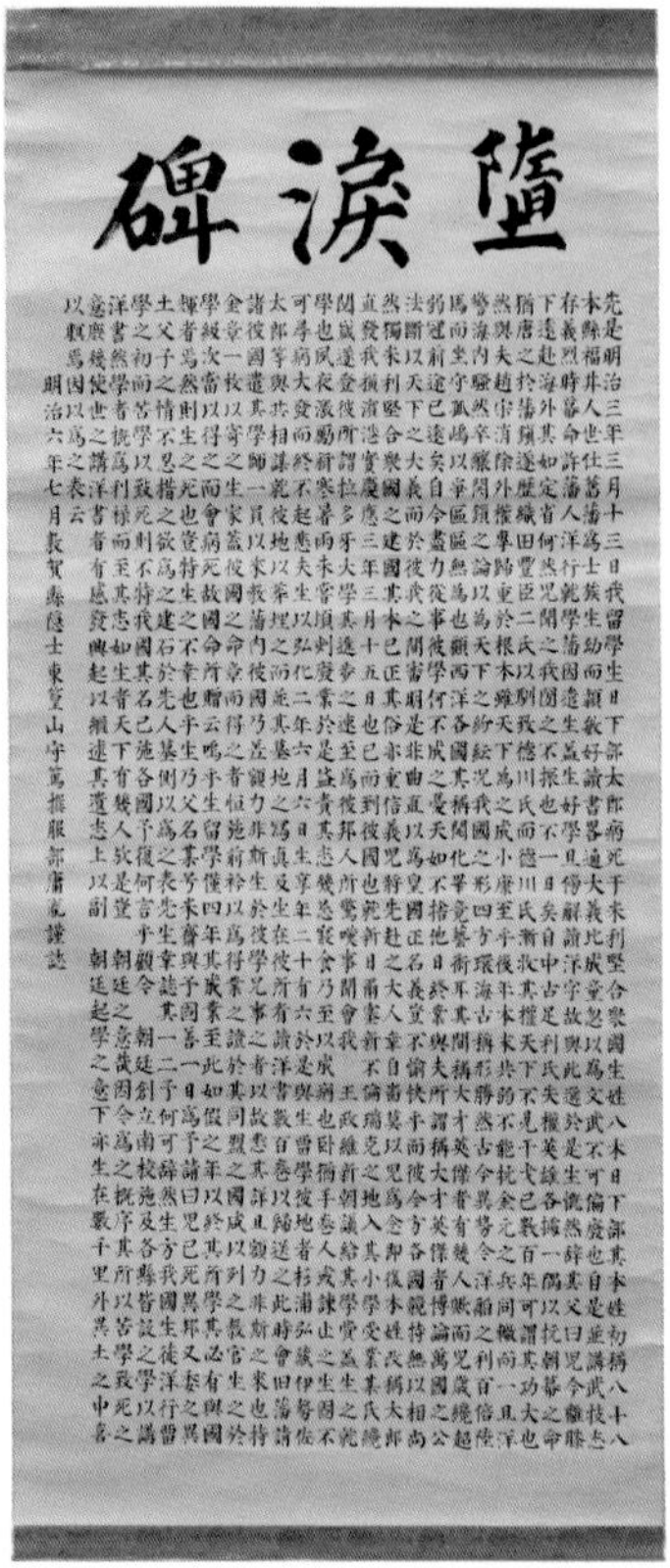

堕涙碑
（福井市立郷土歴史博物館所蔵）

吉田東篁肖像写真
（福井市立郷土歴史博物館所蔵）

「送橋本弘道遊浪華序」原稿
（福井市立郷土歴史博物館所蔵）

橋本左内肖像画
（佐々木長淳画、福井市立郷土歴史博物館所蔵）

吉田惇肖像写真
（福井市立郷土歴史博物館所蔵）

日下部太郎肖像写真
（福井市立郷土歴史博物館所蔵）

小笠原長守肖像写真
（勝山市教育委員会所蔵）

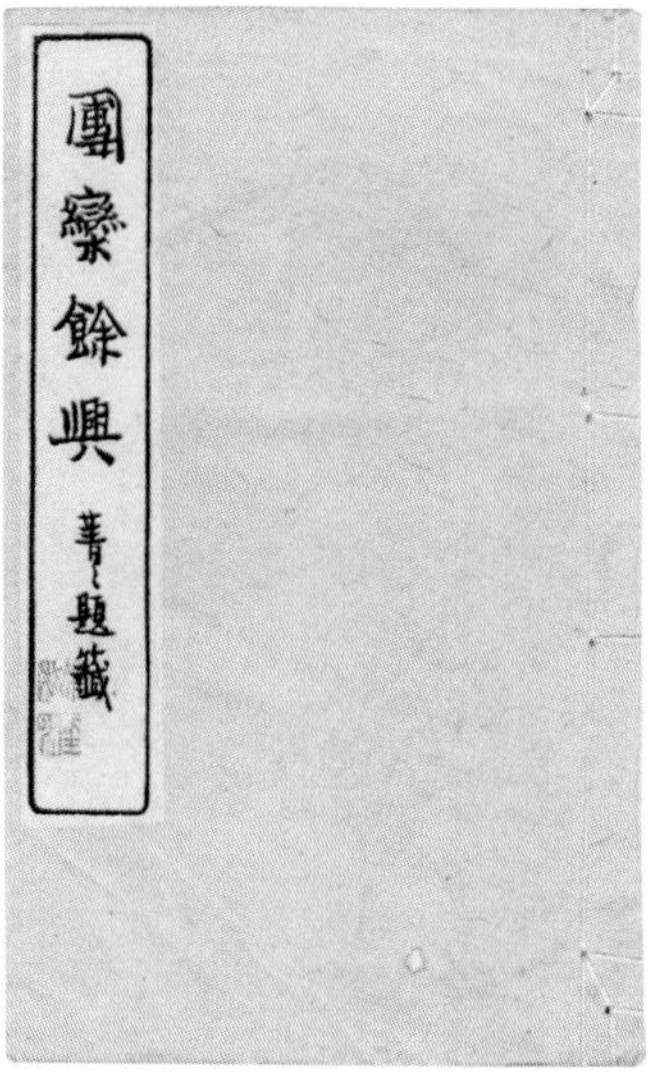

『團欒餘興』
（著者所蔵）

杉田鶉山肖像写真
(『鶉山詩鈔』、福井県立図書館所蔵)

内藤栖圃肖像写真
(『福井工業高等専門学校二十年史』所収)

前書き

福井県には二三〇年ほど前から平成二〇年頃までの漢詩集、漢文集（こちらは数少ない）が、二七〇点以上残っている。それらの漢詩、漢文や漢詩人についての全県的な調査は、水島直文氏と筆者が行った「福井県現存披見漢詩集初探」（一～六稿、福井工業高等専門学校研究紀要、第一九号、二二～二六号、一九八〇～一九九二年刊、所載）が最初である。その後は、前川が出版した『鯖江の漢詩集の研究』（平成二七年、朋友書店刊）第四章［年表編］の第二節で、「福井県現存披見漢詩集初探」以後に発見した文献を追加記録し『福井県関係の漢詩文収録書発刊（推定成立）年次一覧表』を作成した。

この『一覧表』以後は、福井地区に限っても、右の文献以上の研究はまだ出ていない。そこで、全国及び福井県県民の皆さんに、福井県の漢詩・漢文、「漢詩集」、「漢文集」にも目を向けて頂きたいと考え、数篇ではあるが、前川が今までに発表した論文と、まだ活字にしていない論考をまとめて、一冊として出版することにした。

本書で取り上げる文人の最終の地位と生没年を左に記す。

○松平春嶽・福井藩第一六代藩主（一八二八～一八九〇）（一七代とも記す）
○吉田東篁・藩校教授兼侍講（一八〇八～一八七五）

○吉田惇〈岡田準介〉・藩校訓導師並
○日下部太郎・福井藩最初の海外留学生（一八四五～一八七〇）
○橋本左内・御側向頭取格、御手許御用係（一八三四～一八五九）
○小笠原長守・勝山藩第八代藩主（一八三五～一八九二）
○杉田鶉山・福井県最初の衆議院議長（一八五一～一九二九）
○内藤栖圃・福井工業高等専門学校初代校長（一九〇四～一九九八）

なお、この小著が、福井県の漢詩、漢文や「漢詩集」、「漢文集」に関心を持って頂くきっかけになり、皆さまの研究や読書の参考にして頂けるならば、誠に幸いである。

平成三〇年八月吉日、以文会友書屋にて、前川幸雄　記るす。

「増補改訂版」で追加したのは、
○八「橋本左内の漢詩に見える韓愈」研究の「論文　文を論ず」（三七五番）
○『景岳詩文集』所収詩制作年代別・詩体別作品番号一覧表
○『鶉山詩鈔』所収詩作品番号表
である。この三つの研究も今後の研究に役立つものと考えている。

令和元年一〇月吉日、前川幸雄記るす。

凡例

○　今回、論考をまとめて一冊にするに際して、方針としたことは、以下の通りである。

○　全ての論文を出来るだけ分かりやすくすること。その為に、左記のようにした。

①　元の論考は、「資料として引用した漢文」は、「原文」だけを表記したが、今回は、「書き下し文」を追加した。
なお、「原文」は旧字体で、「書き下し文」は常用体漢字を用いることとする。但し、常用体にない字体は旧字体を用いる。

②　元の論考は、「作品」には「原文」「書き下し文」「押韻」だけを表記したが、
今回は「題意」「通釈」「語釈」、必要なときは「考察」あるいは「余説」を追加した。

以上。

目次

前書き……Ⅰ
凡例……Ⅲ
一 「悼橋本左内　四首」（松平春嶽作）註釋……1
二 「橋景岳哀辭」（松平春嶽作）註釋……7
三 「民爲貴說」（松平春嶽作）註釋……12
四 「墮涙碑」（吉田東篁作）註釋……24
五 「留學へ出發する決意を述べる詩」（日下部太郎作）註釋……40
六 「送橋本篤齋兄遊于攝津」（吉田惇＝後の岡田準介作）註釋……43
七 「送橋本弘道遊浪華序」（吉田東篁作）註釋……49
八 「橋本左内の漢詩に見える韓愈」研究……58
九 橋本左内作「鷹巣山懷古、弔畑將軍」小考……106
十 橋本左内作「謁新田墓、弔源左將公」考……130

『景岳詩文集』所収詩制作年代別・詩体別作品番号一覧表

十一 「小笠原長守著『團欒餘興』」研究……159

十二 「杉田定一（鶉山）の漢詩」研究……204

『鶉山詩鈔』所収詩作品番号表

附録（口語自由詩）

「杉田鶉山の二冊の漢詩集」前川幸雄作

十三 「内藤敏夫（栖圃）先生漢詩集」註釋……276

附録（校歌）

「福井工業高等専門学校校歌」

（初代校長）内藤敏夫作

「註釋・論考・初出一覧表」……290

後書き……292

付録 前川幸雄 詩歴

一「悼橋本左内　四首」（松平春嶽作）註釋

悼橋本左内

自古端人多苦艱。今朝隆罰涙潸々。定知身死魂猶在。
華表柱頭爲鶴還。
寒雨蕭々又送風。太陰殺氣繞江東。奇材遇事英豪見。
志士從今作鬼雄。
頑雲呑日近黃昏。鬼嘯猿啼易斷魂。一鑑忽亡雖覆水。
丹衷功業可長存。
風霜滿目足傷神。鼎鑊一朝亡哲人。惟有心肝磨不滅。
千秋萬古見忠純。

悼橋本左内四首　橋本左内を悼む四首（春嶽遺稿　巻二　所収）

悼橋本左内　橋本左内を悼む　四首（その一）

【題意】橋本左内の死を哀しむ。

自古端人多苦艱　古より端人　苦艱多く、
今朝隆罰涙潜潜　今朝隆罰　涙潜潜たり。
定知身死魂猶在　定めて知る　身は死して魂猶ほ在るを、
華表柱頭爲鶴還　華表の柱頭　鶴となりて還れ。

【押韻】艱、潜、還（平聲刪韻）。七言絶句。

【通釈】
昔から立派な人が苦しい目に遭うことが多く、
今朝の厳しい罰だとの知らせに涙が流れて止まない。
身体は死んでも君の魂は必ず存在しているのであるから、
標柱の上に鶴となって帰って来てくれよ。

【語釈】
○端人（たんじん）―心や行いが正しい人。○苦艱（くかん）―苦しみ。○隆罰（りゅうばつ）―厳しい罰。○潜潜（さんさん）―涙の流れるさま。潜は潸の誤字。○華表（かひょう）―柱の上に十字形の横木をつけたもの。宮殿や墓所などの前に立てられた標柱、漢の丁令威が死後千年たって鶴に化して故郷の城門の華表に止まった故事（捜神後記）。

【余説】

○橋本左内が処刑された安政六年（一八五九）一〇月七日、当日の作である。

悼橋本左内　橋本左内を悼む　四首（その二）

【題意】橋本左内の死を哀しむ。

寒雨蕭蕭又送風　寒雨は蕭蕭として　又風を送り、
太陰殺氣繞江東　太陰の殺気　江東を繞る。
奇材遇事英豪見　奇材事に遇ひて英豪見はる、
志士縱今作鬼雄　志士今より鬼雄と作（な）れ。

【押韻】風、東、雄（平聲東韻）。七言絶句。

【通釈】

冷たい雨が寂しく降り、その上風が吹いてきて、

冬の殺気が、私の住居の周りをぐるりと取り囲んでいる。

すぐれた才能を持っていた（君は）今度のことに遭遇して、立派な人物であることを明らかにした。

志士であった君よ、今後は冥界の英雄となりたまえ。

【語釈】

○太陰―冬。○江東―隅田川の東岸（春嶽の居所〈霊岸島別邸〉のあたり）。○奇材（きざい）―すぐれた才能。○英豪（えいごう）―すぐれた人物。○見（あらわれる）―はっきりする。○作（なす）―なしとげる。○鬼雄（きゆう）―死んだ英雄で、あの世でおおぜいの亡者のかしらになっている人。

【余説】

○一、二句の寒く寂しい風景は、そのまま春嶽の胸中を映し出している。

悼橋本左内　橋本左内を悼む　四首（その三）

【題意】橋本左内の死を哀しむ。

頑雲呑日近黄昏　　頑雲日を呑み黄昏近く、
鬼嘯猿啼易斷魂　　鬼嘯猿啼　魂を断ち易し。
一鑑忽亡雖覆水　　一鑑忽ち亡び　水を覆（くつがへ）すと雖も、
丹衷功業可長存　　丹衷功業　長く存すべし。

【押韻】昏、魂、存（平聲元韻）。七言絶句。

【通釈】

頑固な雲が太陽を呑み込んでしまい、夕暮れも近い、
鬼の哭き声や猿の泣き声のような風が吹き、私の魂は千切れてしまいそうだ。
一人の手本とする人物をあっという間に失ってしまい、覆水盆に返らずの諺はあるが、

君の真心といさおしは、長く世の中に止まっていることだろう。

【語釈】

○鬼嘯（きしょう）―鬼のなく声。○斷魂（だんこん）―たいへん心を痛めること。○覆水（ふくすい）―覆水不返盆。一度こぼれた水は二度と鉢に返らない。○丹衷（たんちゅう）―まごころ。

【余説】

○前詩と同じように、左内を失った春嶽の哀しみの気持が伺われる。

○戦場で不遇の死を遂げて葬られない死者の魂は、さまよい、すすりなく、といわれる。〈楚辞、九歌、国殤〉。中国文学の詩句を意識して、不遇の死を遂げた左内の魂のことを意識しているともいえる。

悼橋本左内　橋本左内を悼む　四首（その四）

【題意】橋本左内の死を哀しむ。

風霜滿目足傷神　風霜滿目　神を傷ましむるに足り、
鼎鑊一朝亡哲人　鼎鑊　一朝　哲人を亡（うしな）ふ。
惟有心膽磨不滅　ただ心胆の磨して滅せざる有り
千秋萬古見忠純　千秋万古　忠純を見はす。

【押韻】神、人、純（平聲眞韻）。七言絶句。

【通釈】

見わたす限り風が吹き霜の降りた寂しい風景は、私の心を悲しませるのに十分であり、処刑の道具がある朝立派な人物をなくしてしまった。

しかし、君の強い心はすり減るものではないから、千年万年の後まで君の純粋な忠節があらわれているであろう。

【語釈】

○満目―みわたすかぎり。○傷神―非常に悲しむ。○鼎鑊（ていかく）―重罪人を処刑する道具。「正気の歌」でも鼎鑊（人体を切る鎌）の語が出ている。○一朝（いっちょう）―にわかに。

【余説】

○春嶽は、左内を、端人、奇材、一鑑、哲人の語で表し、左内の心を、丹忠、忠純といい、永遠であると言っている。

○また、（その二）で、左内に「鬼雄となれ」というのは、左内への慰めであり、春嶽のせめてもの願いでもある。

平成三〇年（二〇一八）旧稿を一部改稿す。以文会友書屋にて、六月吉日、記す。

二「橋景岳哀辭」（松平春嶽作）註釋

橋景岳哀辭

維庚申十月七日。源慶永敢以菲物賜于某之靈。歲序流易。玆及小祥。追遠感時雙淚交頤。嗚呼哀哉。汝不幸遭刀鋸之刑。此情義之所不忍。實無奈何。我言外之痛。汝在地下察之。嗚呼哀哉。

橋景岳哀辞　橋景岳を哀しむの辞　（春嶽遺稿　巻一　所収）

維庚申十月七日。源慶永敢以菲物賜于某之靈。歳序流易。茲及小祥。追遠感時雙淚交頤。嗚呼哀哉。汝不幸遭刀鋸之刑。此情義之所不忍。實無奈何。我言外之痛。汝在地下察之。嗚呼哀哉。

【書き下し文】

維れ庚申の十月七日、源慶永、敢えて菲物を以て某の霊に賜ふ。歳序流易し、茲に小祥に及ぶ。遠きを追い時に感じ、双涙頤に交はる。嗚呼哀しい哉。汝不幸にして刀鋸の刑に遭ふ。此れ情義の忍びざる所にして、実に奈何ともする無し。我が言外の痛み、汝地下に在って之を察せよ。嗚呼哀しい哉。

【通釈】

ここに、庚申の一〇月七日、源慶永は、すすんで、つつましい供え物を（祭壇に）そなえ、お前の霊位に与える。

年月は流れて時はかわった。この時に、一周忌をすることにした。遠い日を思い起こし、時勢を考えると、二つの眼から涙がこぼれ頤にまで流れる。ああ、哀しいなあ。お前は思いもかけない不幸に出合って、斬首の刑にあった。これは人情においても理屈においても堪えられないことであるが、どうにもしようがないことである。私の言葉で言い表せない心の痛み・悲しみを、冥界にいるお前よ、察してくれ、ああ哀しいなあ。

【語釈】

○橋景岳―橋本左内のこと。景岳は左内が宋の岳飛を慕って用いた号。

○哀辞―誄《るい》や碑などと同じように、死者を追悼する文章の一種。

『文心雕龍』哀弔第一三には次のようにいう、

「哀は依なり。悲しみは実に心に依《よ》る。故に哀と曰《い》ふなり。辞を以《もっ》て哀を遣《や》るは、蓋《けだ》し下流《めした》の悼なり。故に黄髪に在《おい》てせず、必ず夭昏《えうこん》に施す」、つまり、夭逝した人に対して作られるものであるという。また、『文心雕龍』にはさらに、哀の文体について、「夫《か》の哀辞の大体を原《たづ》ぬるに、情は痛傷を主とし、辞は哀惜を窮む。幼は未《いま》だ徳を成さず、故に誉れ察恵に止《とど》まり、弱は務めに勝《た》へず、故に悼みは膚色に加はる。心を隠《いた》みて文を結べば則《すな》ち事は愜《かな》ひ、文を観《み》て心を属すれば則ち体奢《おご》る。奢体《しやたい》もて辞を為《な》さば、則ち麗なりと雖《いへど》も哀ならず。必ず情往《ゆ》きて悲しみに会ひ、文来たりて泣《なみだ》を引かしむれば。乃《はじ》めて其れ貴きのみ」と。

（右の通釈）哀辞の本質は、心情の面では痛傷を主眼とし、文辞の面では哀惜を徹底的に表現するに在る。幼少で死んだ者はまだ徳を完成していないから、ほめてもせいぜいその聡明さを述べるに止まり、弱年で死んだ者はまだ世間の実務についていないから、哀悼の意もその容姿について述べられる程度である。心の底から傷ましく思って文を作れば、満足のできる内容のものになるけれども、文を先に立てて心が後からついてゆくようでは、形式ばかりが派手になってしまう。派手な形式で哀辞を作れば、表面は美麗でも哀しみの心が欠ける。必ず情の動きが対象に対する哀しみと一致し、文に対して涙を流させるようなものであってこそ、勝れた哀辞なのである。

（『文心雕龍』上、戸田浩暁著　明治書院刊　一九三・一九四頁）。

○庚申―万延元年（一八六〇）。左内死去の翌年である。○源慶永―松平春嶽○菲物―つつましいもの。そまつなもの。○賜于某之靈―某之霊は、左内の霊。賜ふ、はあたえる。贈る。○歳序流易―歳序は一年間の順序。四季の巡り。流易は移り変わること。○茲及小祥。ここで、小さな祭祀を行う。一周忌を行う。○雙涙交頤―悲しみの涙が、両眼からこぼれ落ちて頤のあたりにまで流れる。○不幸―めったにない不運。○刀鋸之刑―刀鋸は刑罰。斬首の刑。○遭―思いがけなく会う。○情義之所不忍―情義は人情と義理。人情においても理屈においても堪えられないことである。○實無奈何―まことに、どうにもしようがないことである。奈何は方法を問う。○言外之痛―言葉で言い表すことの出来ない、心の痛み、悲しみ。○汝在地下察之―地下は死後の世界、あの世、冥土。お前・左内よ、冥界にいて（この私の気持ち）を推察してくれ。○嗚呼哀哉―ああ哀しい。

【余説】

○「心情の面では痛傷を、文辞の面では哀惜を表現して」年若くして逝った左内に対する、春嶽の心情がよく表現されている。哀辞の最少限度の形式を持った作品である、と思う。

○　この「辞」の前後の春嶽をとりまく情況を記すと、左記のようである。

・安政五年（一八五八）春嶽三一歳。四月二三日、井伊直弼《なおすけ》（彦根藩主）大老に就任。

・六月一九日、伊井大老は勅許を得ぬまま、日米修好通商条約の調印をする。

・四日後、老中首座の堀田正睦《まさよし》ほかの反対派を罷免。かわって間部詮勝《まなべあきかつ》（越前鯖江藩主）以下、自派賛同の者を老中に任命した。

・六月二五日、次期将軍は徳川慶福《よしとみ》（紀州藩主）と決定・発表を行う。

・七月五日、井伊は一橋派の松平慶永、徳川慶恕《よしくみ》（尾張藩主）、島津齊彬《なりあきら》（薩摩藩主）を、急度《きつと》慎《つつしみ》の処分とする。
・松平直廉《なおきよ》（越後糸魚川藩主）を第一八代の福井藩主とした（茂昭《もちあき》と改めさせた）。
・春嶽は一〇月一四日より本名の「慶永」を用いず、「春嶽」を用いる。
・春嶽が霊岸島別邸に閉門幽居となるのは一一月一一日からのことである。
・安政六年（一八五九）春嶽三二歳。一〇月七日、左内、刑死する。
・万延元年（一八六〇）三三歳。九月四日、春嶽、急度慎を許される。

以上。

松平春嶽の詩文集

①書名―春嶽遺稿　②巻数―四巻　③冊数―四冊　④著者名―松平春嶽（慶永）　⑤出版者―松平康荘　⑥出版地―東京　⑦出版社―秀英舎第一工場　⑧出版年―明治三四年一〇月二〇日　⑨丁・頁数―総計二五〇丁　⑩体裁―和装袋綴　⑪大きさ―二五・一cm×一六・五cm　⑫帙の有無―拵一帙　⑬所蔵者―福井大学図書館・福井県立図書館・著者　⑭備考―巻之二の一冊が漢詩集　全六一丁　古今体三六八首を収む　⑮編著者について―名は錦之丞　慶永　字は公寧　号は春嶽（岳）　榮井　鷗渚　礫川　東郭居士（逸人）　六有堂主人　雲鶴仙史　寸碧堂　水明楼主人　田安斎匡の八男　越前福井藩第一六代藩主　維新前後の明治新政府に貢献活躍した　文政一一年（一八二八）九月二日生　明治二三年（一八九〇）六月二日没　六三歳

「福井県関係漢詩集　解題〇五八」（『福井高専研究紀要・人文社会科学』第一九号、一五頁下段）

民爲貴說

孟軻氏曰。民爲貴。社稷次之。君爲輕。予始未能信之。蓋社稷國之根本。君次之。至民則至微賤。此上下自然之分也。故有社稷而後有君。有君而後有民。民奉其君受其政令。而孟子反以民爲貴。雖大賢之言。如冠履倒置。頃思之解數年之疑惑。何則天地涪判。生一男一女。萬物又隨而產。自此人物次第蕃殖。然當時未有天子諸侯。皆同等之民。夫有民有物。必不能無爭。而民有賢又有不肖。賢者能斷曲直。不肖者聽賢者之命。其爭始熄。此人君之所由立也。譬如盜賊初群聚。一群則皆同等之人。此中智而明者。指揮衆賊。衆賊聽其命而不叛。於是推爲賊長焉。夫士比民賢且智。故爲士。大夫比士又優。故爲大夫。諸侯比大夫其德又大。故爲諸侯。天子之德天下莫尙焉。故踐至尊之位。而天下會於一不叛。然則爲天子爲諸侯爲大夫。非徒守虛位。皆天爵也。且夫聖本天子之事也。孔子生於草莽有聖德。而不踐天子之位。故謂之素王。君子則王公大人之事也。故有賢德者。雖在草莽謂之君子。由此觀之。則有民而後有社稷。有社稷而後有君。君獲乎民者也。不獲乎民則難以爲君。故夏桀商紂天下棄之。湯武雖不討伐。不日而滅矣。文王不得天下。衆心歸之。則自然之天子也。人君深思之。可以治國家。且自古明君欲行善政良法。而勵精圖治。以誤國家者不少。不可不愼也。何則其善政其良法。出自人君之獨智。而非公共之政法。夫獨智者無補于世。故人君爲民立極。以民爲貴。以公共之心。行公共之政。毫不私國家。則天下奉其君而聽其命。此眞人君也。英人有言。天下民人各王。此非人爵即天爵也。與民貴君輕之論。千載如合符。余是以始信大賢之言不虛矣。

民爲貴說　民を貴しと為す説　松平春嶽　（春嶽遺稿　巻一　所収）

【書き下し文】

孟軻氏曰はく、民を貴しと為し、社稷之に次ぎ、君を軽しと為す。予始め未だ之を信ずる（こと）能はず。蓋し社稷は国の根本にして、君は之に次ぎ、民に至っては則ち至って微賤なり。此れ上下自然の分なり。故に社稷有りて後に君有り。君有りて後に民有り。民は其の君を奉じて其の政令を受く。而かるに孟子は反って民を以て貴しと為す。大賢の言と雖も、冠履倒置せるが如し。

頃《このごろ》之を思い数年の疑惑を解く。何となれば則ち天地涪判し、一男一女を生む。万物又随て産む（まる）。此より人物次第に蕃殖す。然して当時は未だ天子諸侯有らず。皆同等の民なり。夫れ民有りて物有れば、必ず争ひ無きこと能はず。而して民に賢有り又不肖有り。賢者は能く曲直を断ず。不肖者は賢者の命を聴きて、其の争ひ始めて熄む。此れ人君の由りて立つ所なり。譬へば盗賊の初め群衆せるが如し。一群なれば則ち皆同等の人なり。此の中に智にして明なる者、衆賊を指揮すれば、衆賊は其の命を聴きて叛かず。是に於いて推《お》されて賊長と為る。夫れ士は民に比して（ぶれば）賢且つ智なり。故に士と為る。大夫は士に比して又優れたり。故に大夫と為る。諸侯は大夫に比して其の徳又大なり。故に諸侯と為る。天子の徳は天下焉より尚きは莫し。故に至尊の位を践む。而して天下一に会して叛かず。然れば則ち天子と為り、諸侯と為り、大夫と為る。徒らに虚位を守るに非ず。皆な天爵なり。且つ夫れ聖とは本天子の事なり。孔子は草莽に生まれ聖徳有り。而して天子の位を践まず。故に之を素王と謂ふ。君子とは則ち王公大人の事なり。故に賢徳有る者は、草莽に在りと雖も之を君子と謂ふ。此に由りて之を観れば、則ち民有りて後に社稷有り、社稷ありて後に君有り。君は民に獲らる者なり。民に獲られざれば則ち以て君たること難し。故に夏の桀、商の紂は天下之を棄つ。湯武は討伐せずと雖も、日ならずして滅ぶ。文王は天下を得ざれども、衆心之に帰す。則ち自然の天子なり。人君は深く之を思ひ、以て国家を治むべし。

且つ古より明君は善政良法を行はんと欲す。而して励精し治を図るも、以て国家を誤る者少なからず。慎まざるべからず。何となれば則ち其の善政其の良法は、人君の独智より出づ。而して公共の政法に非ず。夫れ独智なる者は補の世に無し。故に人君は民の為に極に立つ。民を以て貴と為し、公共の心を以て、公共の政を行ふ。毫も国家を私せず。則ち天下其の君を奉じて其の命を聴く。此れ真の人君なり。

英人の言へる有り、天下の民は人各おの王たり。此は人爵に非ず即ち天爵なり。民は貴く君は軽しの論と、千載合符するが如し。余は是を以て始めて大賢の言の虚ならざるを信ず。

【通釈】

孟軻氏（孟子）がいわれるには、（国家にとっては）人民が一番貴い、土地の神と五穀の神は、これに次ぎ（二番目であり）、君主はそれよりも軽い者であると。私は、始め、まだこの言葉を信ずることが出来なかった。思うに、土地の神と五穀の神（国家）をまつることは国家の根本の大事なことであって、主君はこれに次いで（大事なことであり）、人民に至ってはつまり、極めて身分・地位が低いものである。これは、上下があり、自然の区分である。だから、社稷があって、その後に君主がある。君主があって、その後に人民があるのである。人民はその君主を奉って、君主が出す命令を受ける。ところが、孟子は、これとは反対に、人民を貴いとしている。非常に賢い人の言葉ではあるけれども、冠と履き物を逆な位置に置き、上下を逆さまでにしたようなものである。

近ごろ、このことを考え、数年来の疑惑を解決した。どうしてかというと、つまり、天地がわかれ、（人間の）男女が生まれた。万物もまた随時生まれた。これから、人間も殖えてきた。しかし、（太古の時代は）まだ、天子とか諸侯とかは出ていなかった。みな対等の人民であった。そもそも、人民が居り物が在れば、必ず争いごとが起きないことは不可能である。また、人民には賢い者と愚かな者がいる。賢い者は、ものごとの正しいことと不正なことを判断することが出来る。そして、愚かな者は賢い者の命令を聞いて、その争いがようやく止むことになる。これが（人民の上に）主君が立つ理由である。これは、例えば、盗賊が初めはただ集まった人であった。一つの集団であるから（その中の人は）皆同等の人であった。この中に智恵があって（道理に）明らかである者が、多数の賊を指揮すると、多数の賊は、その命令を聞いて叛かない。そういう訳で（皆から）推薦されて盗賊の長となるのである。

そもそも士は人民と比べると賢くまた智恵がある。だから士となる。大夫は士に比べてまた優れている。故に大夫となる。諸侯は大夫に比べてその徳がまた大きい。だから諸侯となる。天子の徳は、天下でこれより尊い者はない。だから、この上なく尊い位を践んで（天子と）なる。そして、天下は一つに会合をしてそむかない。それで、天子となり、諸侯となり、大夫となる。（彼らは無駄に）名目ばかりの地位を守っているのではない。皆天爵（天から授かった優れた地位）である。その上、そもそも聖とはもと天子のことである。孔子は、民間に生まれ、この上の無い徳があった。しかし、天子の位には就かなかった。だから、この人を素王という。君子とは、王公大人のことである。だから、賢く徳ある人は、民間にいたとしてもこれを君子という。以上によってこれを見ると、人民があって後に社稷があり、社稷があって後に君があるということである。君は人民によって獲得される者である。人民に獲得されなければ、つまり君であることは難しい。だから夏の桀王、商（殷）の紂王は天下がこれを捨てたのである。（だから）湯王と武王とは武力を用いて討伐をしなかったけれども、多くの日にちがかからないうちに（夏と殷は）滅んだ。

文王は天下を得なかったが、（多くの）人の心が（文王に）集まった。つまり、自然の天子であった。君主は深くこのことを心に留めて、国家を治めるべきである。

しかも、昔から賢明な君主は人民に幸福をもたらすよい政治、よい方法（法令）を行おうとした。そして、精を出し政治を行ったが、国家（の運営）を誤る者が少なくない。謹まなくてはならない。何故かというと、その善政、良法は、人君が、（人の助けを借りないで）独りだけで考えた智恵から出ている。そして、公のものとして共有する政治の方法ではない。そもそも他人の助けを借りない独りだけの智慧の者には、補佐する者が世にいない。だから、君主は人民のために極点に立つのである。人民を貴いとし、公の心を持って公の政治を行う。動物の毛先ほどのわずかも、国家を個人の物とはしない、そして、天下がその君を奉ってその命令をしっかり聴く。これこそが本当の人君である。

英国人が言っている、この天下の人民は各人がみな王である、と。これは、人間から与えられた爵位ではない、つまり、天からもともと与えられている爵位である。これは、人民は貴く、人君は（それよりも）軽い、という説と、大昔からピッタリ符合しているかのようである。私は、こういうことから初めて大賢者（孟子）の言葉が中味のない言葉ではないことを信じるのである。

【語釈】

○説―文体の一つである。義理を解釈し、自分の意見を述べるものである。論と同じく、詳細に十分に言い尽くすことを主旨とする文体である。

『文心彫龍』論説第一八、「説」の箇所を、参考として引く。

「凡そ説の枢要は、必ず時をして利に、義をして貞ならしめ、進んでは務めを成すに契ふ有り、退いては身を栄すに阻む無からしむ。敵を譎くに非ざる自りは、則ち唯忠と信とをもてす。肝胆を披いて以て主に献じ、文敏を飛ばして以て辞を済す。此れ説の本なり」。

（右の口語訳）

「凡そ説の要点は、時代に利益をもたらし、内容は正しく、積極的には任務の完遂に役立ち、消極的には一身の栄誉を獲得するに支障が無いようにすることである。敵をあざむく計略は別として、真心と信頼できる言葉とがあるのみだ。腹をうちあけて真心を主君に献じ、文彩と機智とを駆使して言辞を完成する。これが「説」の基本である」。

（『文心彫龍』上、戸田浩暁著　明治書院刊　二八五頁）

○孟軻氏―孟子。①【人物】前三七二〜前二八九頃の人。戦国時代の思想家。魯の鄒（今の山東省鄒県地方）の人。名は軻、字は子輿。また、子車、子居ともいう。子思（孔子の孫）の弟子に学び、のち諸国を周遊して性善説をとなえ、王道・仁義を説いた。亜聖といわれる。②【書籍】書名。一四巻。孟子の言行や学説を記したもの。十三経の一つで、また四書の一つ。古くは孟子①と区別して「もうじ」とも読んだ。

○民爲貴、社稷次之、君爲輕―（「盡心章句下」にある文章）国家にとっては民を一番貴いものとし、社稷すなわち、土地の神や五穀の神はその次に貴いものとし、国君（君主）を一番軽いものとする（つまり、民は国の本であり、その安息のために社稷が設けられ、この民衆と社稷を守るために、君主が立てられる。という、いわゆる民本主義の考え方である）。

○社稷―①土地の神と五穀の神。古代の天子・諸侯は、この二神を宮殿の右に、宗廟を左にまつった。国家の最も重要な守り神。②転じて、国家。○微賤―身分地位が低い。また、その人。○政令―政府が出す命令。政治上の命令。○大賢―非常に賢いこと。また、その人。○冠履倒置―冠履―①冠（かんむり）とくつ。②上位と下位。尊卑。倒置―逆さまな位置に置くこと。○不肖―①親や師匠に似ないで、愚かな・こと（さま）。②愚かなこと。才能のないこと。○曲直―①まがったこととまっすぐなこと。②正しいことと不正なこと。○蕃殖―動物・植物が生まれふえること。生殖により生物の個体がふえること。○天子諸侯―天子は天命をうけて地上を治める者。帝王。諸侯は①日本では中世末期から近世にかけて、諸大名をいう。②古代中国で、天子から封土を受け、その封土内を支配した君主。○群衆―集まった人々。○衆賊―多数の賊。賊は①人に危害を加えたり、物を奪い取ったりする者。②反乱を起こした者。国を乱す者。謀反人。○賊長―賊の長。

○士―古代中国で、大夫と庶民との間に位した身分。○大夫―①中国、周代の官職の一。卿の下、士の上に位する。②律令制で、一位から、五位までの人の総称。また、五位の通称。③律令制で、職・坊の長官。だいぶ。④大名の家老の異名。⑤（秦の始皇帝が封禅のため泰山に登った際、雨やどりした松の木に太夫の爵位を与えたという故事から）松の異名。⑥神主・禰宜（ねぎ）等の神職の呼称。○至尊―①この上なく尊いこと。また、そのような人。②特に、天皇・天子のこと。○虚位―実権の伴わない名目ばかりの地位。○天爵―天から授かった優れた徳。生まれつき備わっている徳をいう。仁義忠信をおさめて楽しむことが人の本性から出たものとするなら、有徳の人は自然に尊敬されるから、これを天爵という。○人爵―人が授けた位。公侯伯子男等の爵位や、公卿大夫の位（天爵、人爵のことは、「告子章句上」の文章にある）。○草莽―①くさむら。田舎。②民間。在野。世間。○素王―王の位はないが、王としての徳を備えた人。儒家では孔子、道家では老子をいう。○君子―①学識・人格ともに優れ、徳行のそなわった人。②身分・官位の高い人。

○夏桀―夏王朝は、約紀元前二〇七〇〜紀元前一六〇〇年まで続いた王朝である（史記、夏本紀）。桀は第一六代履癸（桀）のこと。

○商紂―商（殷）王朝は、約紀元前一六〇〇年〜紀元前一〇四六年まで続いた王朝である（史記、殷本紀及び甲骨文）。紂は第三一代帝辛（紂）のこと。

○湯武―（「梁恵王章句下」にある文章）

「斉の宣王問うて曰く、湯、桀を放ち、武王、紂を伐つと、諸有りやと。孟子対へて曰く、伝に於いて之有り、と。曰く、臣にして其の君を弑す、可ならんや、と。曰く、仁を賊ふ者之を賊と謂ひ、義を賊ふ者之を残と謂ふ。残賊の人、之を一夫と謂ふ。一夫紂を誅すると聞く、未だ君を弑するを聞かざるなり。」と。

（右の通釈）

「斉の宣王が問うて言うに、「昔、殷の湯王は、前代夏の桀王を南巣の地に放ち、周の武王は、前代殷の紂王を征伐したというが、そんなことがあったのか。」と。孟子が対えて言うに、「伝説にそのようなことが言われております。」と。さらに王が言うに、「湯は桀の家来であり、武王は紂の家来であるが、家来であるのにその君を殺してよいのであろうか」と。そこで、孟子が言った、「もちろん、家来がその主君を殺していい道理は決してない。

だが、仁の行いをそこなうような者を賊といい、人の道をそこなうような者を残というのであり、この残賊の人などは、これはもう王でもなく、君でもなく、単なる一人の卑賤な男にすぎない。このような天命も去り、人民からも見放された一夫たるにすぎない紂を誅したということは聞いているが、まだ君を殺したというようなことは、聞いていないのである。」と。

（『孟子』内野熊一郎著　明治書院刊　六六、六七頁。）

○湯は殷王朝第一代の太乙《たいいつ》（湯《とう》）のこと。夏王朝の暴君・桀王を滅ぼした（殷王朝を創建した）。武は殷王朝の最後の王・紂王を滅ぼして、周王朝を立てた武王のこと。

○討伐―軍隊を送り、抵抗する者を討ち滅ぼすこと。

○文王―周王朝の始祖。武王の父。姓は姫（き）、名は昌。西伯と称する。殷代末期に太公望など賢士を集め、渭水盆地を平定して周の基礎を築いた。古代の聖王の模範とされる。生没年未詳。

○明君―賢明な君主。かしこい君主。○善政良法―善政は人民に幸福をもたらすよい政治。正しい政治。良法―よい方法。すぐれた仕方（よい「法令」ともとれる）。○励精―心を励まし努力すること。精を出すこと。○獨智―他人の助けを借りない独りだけの智慧（ものごとを分別する心のはたらき）。○公共の政法―①社会全体に関すること。おおやけ。②おおやけのものとして共有すること。○補の世に無し―補佐する人がこの世にいない。「補」は、詩経では「右」に作る。神託を伝える「みこ」を「保」という。これに近いような人を意味するか。○英人有言、天下民人各王―出典を確認できていない。

なお、春嶽と英語のことについては、山下英一著「春嶽の英語稽古」（『若越郷土研究』四〇の一）に詳しい。

【余説】

○孟子のいわゆる「民本主義」についての議論である。中国ではこの政治思想がその後の中国においては発展しなかった。そして、西洋でいう民主主義は中国では出来なかった、ともいわれている。

今ひとつは、民衆の支持を失った者は、天子ではない。取って替わってよいという革命の思想である。これは、現実の政治の世界に、似た形で生きているように思われる。

○この作品は、万延元年（一八六〇）春嶽、三三歳頃の制作と見られる。（『春嶽遺稿』の巻頭より四七番目の作品。作品は、巻頭から、年代順に配列・編輯されている。この作品の前後の作品を見て判断した）。

○この文章には政治家としての春嶽の実感があると思われる。幕末という時代、春嶽の立場を考えたとき、春嶽という人物の思考の柔軟性に感心するのである。

○藩校の教授・高野眞齋、また、他の学者からも、幼時より漢学の指導を受けたということである。「孟子」は、眞齋から教育を受けていたという。その上、藩主になってからも西洋の学問にも関心を持ったことは、よく知られていることである。

四　「墮涙碑」（吉田東篁作）註釋

墮涙碑　　　　　　　　　　　　　　吉田東篁

【原文】

先是明治三年三月十三日、我留學生日下部太郎病死于米利堅合衆國。生姓八木、日下部其本姓。初稱八十八。本縣福井人。世仕舊藩爲士族。生幼而穎敏。好讀書略通大義。比成童忽以爲、文武不可偏廢也。自是竝講武技、志存義烈。時幕命許藩人洋行就學、藩因遣生。蓋生好學且傍解讀洋字、故與此選。於是生慨然辭其父曰、兒今離膝下遠赴海外、其如定省何。然兒聞之、我國之不振也不一日矣、自中古足利氏失權、英雄各據一隅、以抗朝幕之命、猶唐之於藩鎭、遂歷織田・豐臣二氏、以馴致德川氏。而德川氏漸收其權、天下不見干戈已數百年。可謂其功大也。然與夫趙宋消除外權。專歸重於根本、雖天下爲之成小康、至乎後年本末共弱。不能抗金元之兵同轍。而一旦洋警、海內騷然。卒釀開鎖之論、以爲天下之紛紜。况我國之形、四方環海。古稱形勝。然古今異勢。今洋船之利、百倍陸馬、而坐守孤嶋以爭區區無爲也。顧西洋各國其稱開化、畢竟藝術耳。其閒稱大才英傑者有幾人歟。而兒歲纔超弱冠、前途已遠矣。自今盡力從事彼學。何不成之憂。天如不捨、他日終業、與夫所謂稱大才英傑者、博論萬國之公法、斷以天下之大義、而於彼我之閒審明是非曲直、以爲皇國正名義。豈不愉快乎。而彼今方各國競持。無以相尙然。獨米利堅合衆國之建國、其本已正、其俗亦重信義。兒將先赴之。大人幸自嗇、莫以兒爲念。卽復本姓、改稱太郎。直發我横濱港。實慶應三年三月十五日也。已而到彼國也、就新日爾塞、新不倫瑞克之地、入其小學受業某氏。纔閱歲、遂登彼所謂拉多牙大學。其進步之速、至爲彼邦人所驚嘆。事聞、會我王政維新、朝議給其學費。蓋生之就學也、夙夜激勵、祁寒暑雨、未嘗頃刻廢業。於是益責其志、幾忘寢食。乃至以成病也、臥猶手卷。人或諫止之、生固不可。尋病大發、而終不起。悲夫。生以弘化二年六月六日生、享年二十有六。於是與生留學彼地者、杉浦弘藏・伊勢佐太郎等、與共相謀、就彼地以葬埋之、而竝其墓地之寫眞及生在彼所看讀洋書數百卷、以歸送之。此時會舊藩請諸彼國、遣其學師一員、以來敎藩内。彼國乃差額力非斯。生於彼學兄事之者、以故悉其詳。且額力非斯之來也、持金章一枚、以寄之生家。蓋彼國之命章、而得之者、恒施前衿以爲得業之證。於其同盟之國、咸以列之敎官。生之於學級次當以得之、而會病死。故國命所贈云。嗚呼生留學僅四年。其成業至此。如假之年以終其所學、其必有與國輝者焉。然則生之死也、豈特生之不幸也乎。生乃父名某號米齋。與予固善。一日爲予請曰、兒已死異邦、又委之異土、父子之情、不忍措之、欲爲之建石於先人墓側、以爲之表。先生幸誌其一二。予何可辭。然生方我國生徒洋行留學之初、而苦學以致死、則不特我國、其名已施各國、予復何言乎。顧今朝廷創立南校、施及各縣、皆設之學以講洋書。然學者概爲利祿、而至其志如生者、天下有幾人歟。是豈朝廷之意哉。因今爲之概序其所以苦學致死之意。庶幾使世之講洋書者有感發興起、以繼述其遺志、上以副朝廷起學之意、下亦生在數千里外異土之中喜以瞑焉。因以爲之表云。

明治六年七月　敦賀縣隐士東篁山守篤撰、服部庸胤謹誌

墮涙碑　墮涙の碑

【書き下し文】

先に是、明治三年三月十三日、我が留学生日下部太郎、米利堅合衆国に病みて死す。生、姓は八木、日下部は其の

本姓なり。初め八十八と称す、本県福井の人、世旧《よよ》藩に仕へ士族たり。生、幼にして穎敏、好んで書を読み、略《ほぼ》大義に通ず。成童の比《ころほ》ひ、忽ち以為《おもへら》く、文と武は偏廃すべからずと、是《これ》より並びに武技を講じ、志、義烈に存す。時に幕命、藩人の洋行して学に就《つ》くを許す。藩因って生を遣《つかは》す。蓋し生、学を好み、且《か》つ傍《かたは》ら洋字を解読す。故に此の選に与《あづ》かる。

是に於て生、慨然としその父に辞して曰く、「児、今膝下を離れ遠く海外に赴く、其れ定省を如何せん、然れども児、之を聞く、我国の振はざるや一日ならず、中古足利氏権を失ひしより、英雄各々一隅に拠って、以て朝幕の命に抗すること、猶ほ唐の藩鎮に於るがごとし、遂に織田・豊臣の二氏を歴《へ》て、以て徳川氏に馴致す。而して徳川氏漸く其権を収め、天下は干戈を見ざること已に数百年、其功大なりと謂ふべし、然れども夫《か》の趙宋、外権を消除し、専ら重を根本に帰し、天下之《これ》が為《た》めに小康を成すと雖も、後年に至っては本末共に弱く、金・元の兵に抗する能はざると轍を同じくす、而して一旦洋警あるや、海内騒然、卒に開鎖の論を醸し、以て天下の紛紜を為す、況んや我国の形、四方海を環らし、古へより形勝れりと称す、然れども古今勢を異にす、今洋船の利は、陸馬に百倍す。而して坐して孤島を守り、以て区区を争ふは為す無きなり。顧《おも》ふに西洋各国、其の開化を称するは、畢竟芸術のみ、其間大英傑と称する者幾人か有る、而し児、歳は僅かに弱冠を超へ、前途已に遠し、今より力を尽して彼《か》の学に従事せば、何ぞ成らざるの憂あらんや、天如《も》し捨てず、他日業を終へなば、夫《か》のいはゆる大才英傑と称する者と、博く万国の公法を論じ、断ずるに天下の大義を以てし、而して彼我の間に是非曲直を審明して、以て皇国の名を正すの義を為す、豈に愉快ならずや。而して彼れ、今方《まさ》に、各国競持し、以て相尚《あひたつと》ぶ無きこと然り、独り米利堅合衆国の国を建つる、其本已に正しく、其の俗も亦た信義を重んず、児、将《まさ》に先づ之に赴かんとす。大人幸《ねが》はくは自ら嗇《おし》み、児を以て念と為す莫《なか》れ」と。

　即ち本姓に復し、改め太郎と称し、直ちに我が横浜港を発す。実に慶応三年三月十五日なり。已にして彼の国に到るや、新日爾塞新（ニュージャージー）、新不倫瑞克（ニューブランズウィック）の地に就いて、其の小学に入り、業を某氏に受く。纔に歳を閲《へ》て、遂に彼のいはゆる拉多牙（ラトガース）大学に登る。其の進歩の速かなる、彼の邦人の驚嘆する所と為《な》るに至る。事聞こゆ、会《た》またま我王政維新し、朝議其資費を給す。蓋し生の学に就くや、夙夜激励し、祈（祁）寒暑雨にも、未だ嘗って頃刻も業を廃せず、是に於て益ます其志を責《つ》み、幾《ほとん》ど寝食を忘る。乃ち以て病を成すに至る、臥して猶ほ巻を手にす、人、或いは之を諫止するも、生、固く可《き》かず。尋いで病大いに発し、而して終に起たず。悲しいかな。

　生、弘化二年六月六日を以て生れ、年を享くる二十有六、是に於て生と与《とも》に彼の地に留学する者、杉浦弘蔵・伊勢佐太郎等、与に共に相謀り、彼の地に就いて以て之を埋葬し、而して並に其墓地の写真及び生の彼に在って看読せし所の洋書数百巻は、以て之を帰送す。

　此時会《た》またま旧藩、諸《こ》れを彼の国に請ふらく、其学師一員を遣はし、以て来たりて藩内を教へしめんと。彼の国、乃ち額力非斯（グリフィス）を差《つかは》す。生の彼の学に於て之に兄事せし者にして、故を以て其詳を悉《つ》くす。且つ額力非斯の来るや、金章一枚を持し、以て之を生の家に寄す。蓋し彼の国の命章にして、而して之を得る者、恒に前衿に施して以て業を得るの証と為す、其の同盟の国に於ては、咸《み》な以て之を教官に列す。生の学に於る、級次は、当に以て之を得べし、而して会またま病みて死す。故に国命もて贈る所なりと云ふ。嗚呼、生の留学僅かに四年、其の業を成す此に至る。如し之に年を仮して以て其の学ぶ所を終へしむれば、其れ必らずや国と与に輝く者有らん。然らば則ち、生の死するや、豈特《た》だ生の不幸のみならんや。

生の乃父《ちち》、名は某、米斎と号す、予と固より善し、一日予に請を為して曰く、「児、已に異邦に死し、又た之を異土に委す、父子の情、之を措くに忍びず、之が為めに石を先人の墓側に建て、以て之が表を為《つく》らんと欲す、先生幸はくは其の一二を誌せ」と。予、何ぞ辞すべけんや。然れども生は方に我国生徒の洋行留学の初めなり、而して苦学し以て死を致す、則ち特だに我国のみならず、其名已に各国に施《し》き、予、復た何をか言はんや。願ふに今、朝廷南校を創立し、各県に施《し》き及ぶ、皆な之が学を設けて以て洋書を講ぜしむ。然れども学ぶ者は、概ね利録の為めにし、而して其志、生の如き者に到っては、天下幾人か有る。是れ豈に朝廷の意ならんや。因って今、之が為めに其の苦学して死を致す所以《ゆえん》の意を概し序ぶ《の》。庶幾《こひねが》はくは世の洋書を講ずる者をして感発興起し、以て其の遺志を継述すること有らしめ、上は以て朝廷の学を起すの意に副ひ、下は亦た生が数千里の外、異土の中に在って喜びて以て瞑せんことを、因て以て之が表と為ると云ふ。

明治六年七月　敦賀県隠士東篁山守篤《やまがみ》撰す、服部庸胤謹みて誌す。

【通釈】

涙がこぼれてとまらない（悲しみの）碑の文

是（この文）より昔、明治三年（一八七〇）三月一三日、我が国の留学生、日下部太郎は、アメリカ合衆国で病死した。留学生（以下生と略称する）の姓は八木で、日下部は本の姓である。初めは八十八と名のっていた。本県福井の人であって、代々旧（越前）藩に仕えた士族である。生は幼い時から人よりすぐれてかしこかった。読書を好み、人にとって大切な正しい道をおおむね理解した。青年となる頃にはもう文と武は一方だけを行ってはならないと考えて、この頃からは、武術と技能を話し、正義の心を強くするんにすることを志した。

その時に幕府は各藩の藩の人が海外に渡航して留学することを許可した。そこで、（福井）藩は生を留学に派遣した。推測するに、生は学問を好み、その上、一方で英字を解読している。それで、この人選に入ったのであろう。

こういうわけで、生は慨然として父に別れのことばを述べて言った。「（子である）私は今我が親の膝元を離れ、遠く海外に赴きます、子として親の世話をどうしたらよいか」と思います。しかし、私はこのように聞いています。我が国の（勢いが）振るわないのは、一日（一時）のことではない。中古時代の足利氏が権力を失ってから、英雄がそれぞれ（国の）片隅に拠点を構えて、朝廷、幕府の命に反抗した。ちょうど唐時代の藩鎮が行ったようにである。そして、織田、豊臣二氏を経て、徳川氏になるようになり、そして、徳川氏はしだいにその権力を収めた。（それ以来）天下は戦争を見ないことが、已に数百年であり、その功績はたいへん大きいと言うべきである。けれども、あの（中国の）趙氏の立てた宋王朝は、外権を取り除き、専ら根本に帰着することを重んじた。天下は、（この方法により）、政治が行き届き、人民の生活がほぼ安定しているが完全とまでいっていないという状態となった。けれども、後年になって、本国も外権も共に弱くなり、金と元との兵に抵抗出来ないという失敗したのと同じことになった。そして、一旦西洋の危険が迫ると、国内は騒然となり、開国、鎖国の議論を醸成するに至り、天下が糸のように乱れた。それにもまして、我が国の国土の形は、四方が海に取り巻かれていて、昔から風景の優美を称せられている、けれども昔と今とでは情勢が異なっており、今は西洋の船の利便性が陸路の馬車輸送の百倍になっている、なおさらである。そして、何もせずにいてこの日本の孤島を守り、狭い所での小さい争いをすることは何にもならない。考えてみるに西洋の各国が、文化の発展を称えているのは、つまり芸術の分野だけである。その間に大人物英才といえる者は何人いるか（少ないと思う）。しかし、児〈私は〉年はわずかに二〇歳を超したばかりで、前途は遼遠であるから、今から力を尽くして彼の国の学問に従事すれば、どうして達成出来ないという心配があろうか。天がもし私を見捨てず、将来学業を修了出来たならば、あのいわゆる大才英傑といわれる者と、広く多くの国の公法について議論し、（物事の）決断するときには天下の行うべき正しい道理を用いてする。そうして、彼の国と我が国との間に於いて、何が正しく何が誤っているか、何が曲がっていることか何が真っ直ぐのことかを明確にして、我が国の為に大義名分を正すことが出来れば、なんと愉快なことではないか。そして、いま、西洋は今ちょうど各国が競っていて、互いに相手を尊重することがないという状態である。しかし、ただアメリカ合衆国の建国は、その根本がすでに正しく、その風俗もまた信義を重んじている。児（私）は先ずここに赴こうとしている。大人（お父さん）ご自分の身体を大事にして、児（私）のことは心配しないでください、と。

直ちに本性に戻し、太郎と改称し、すぐさま、我が国の横浜港を出発した。それは実に慶応三年（一八六七）三月一五日のことであった。已に、彼の国（アメリカ）に到着すると、新日爾塞新（ニュージャージー）新不倫瑞克（ニューブランズウィック）の地に就き、その小学校に入学し、学業を某氏から受けた。わずかに一年を経て、引き続いて彼の地のいわゆる拉多牙（ラトガース）大学に進学した。その進歩の早いことは、当地の日本人の驚嘆する所となった。このことは聞こえて、たまたま我が国が天皇親政の維新政府となり、議会はその学費を給付することになった。それは恐らく、生が入学し〈学問を始め〉るや、朝早くから夜遅くまで、気を引き立たせ、寒い、暑い、雨降り、に関係なく未だ嘗てわずかの時間も学業を止めなかった。こういうことで、その志を一層強くし、寝食も忘れるほどであった。

そうして病気になるに至ったのであるが、床に臥せってもなお本を手に〈して続けようと〉する時に、他の人もこれを諫めて止めたが、生は決意が固くきかなかったから、病気がひどくなり、ついに立てなくなった。悲しいことであった。

生は、弘化二年（一八四五）六月六日に生まれた。生は享年二六歳であった。こういうわけで、生と一緒に彼の地に留学した杉浦弘蔵、伊勢佐太郎等は、共に相談し、彼の地で生を埋葬し、そして、その墓地の写真、及び生が彼の地で読んだ洋書数百巻を（故郷に）送り届けた。この時、たまたま旧藩（越前藩）は、彼の国に、その学師（学校の教師）一名を派遣し、我が藩内に来て教育するように要請した。彼の国は、グリフイスを派遣した。生が彼の国に於いて兄事した者である。そういう訳で、その詳細が詳しく分かったのである。その上、グリフイスが来ると、金章一枚を持って、これを生の家に寄せた。思うに彼の国の命章であって、これを得た者は、いつも前襟に付けて、得業（学業取得）の証とし、その同盟国に於いては、みな之を教官と同列にしている。生は学問に於いて、その学級年次では、当然これを得るべきであったが、たまたま、病気で死んだのである。それゆえに国が命じて贈呈することになった、という。嗚呼、生は留学して僅かに四年、その学業の成果はこれほどになっていた。もし彼に年月を与え、その学業を終了させたならば、それはきっと国と共に輝かしい成果が有ったであろう。してみると、生の死去は、ただ単に生一人の不幸だけであろうか、（国にとっても不幸なことであった）。

生の父の名は某、米斎と号した。私とはもともとよい関係であった。（父は）ある日私に懇願していうことには、児（生）は、已に異国（アメリカ）で死んでしまい、また遺体を異国の土に委ねている。父子の情として、これをそのままにして置くのは忍びない。生のために墓誌を先祖の墓の傍らに建て、生のための表彰としたいと思う。先生はどうぞその一二を誌して下さい、と。私はどうして辞退することが出来ようか。けれども、生は我が国の生徒の洋行留学の最初であり、苦学して死去し（身を捧げ）た者である。つまり、ただ我が国だけでなく、その名は已に各国に知らせられた。私はまた何を言おうか（何も言うことはない）。願うことは、今、朝廷（政府）は南校を創立し、各県にこの学校を設けさせて、洋書を講義させる。けれども学習する者は大概自分の利益、出世の為にするのであり、その志が、生のような者は、天下に幾人いるであろうか。これがどうして朝廷の意図することであろうか。（そうではあるまい）。そこで、いま生のために、苦学して死ぬことになった理由を大まかに述べたのである。どうか世の中で洋書を講義・購読する者が思いたって興味をもって、生の遺志を継がせたい。そして、上は、政府が学校を作った意図に副い、下は、また、生が（我が国より）数千里の彼方の異境の土地の中にあっても、喜んで瞑目してくれるようになって欲しい。そういうことでこれを表彰（の碑文）とするものである、と。

明治六年七月　敦賀県隠士（引退し隠居している）東篁山守篤が（文を）著し、服部庸胤がつつしんで書き誌す

【出典】

①福田源三郎編『越前人物志』中巻（洋學）八四五～四六頁。明治四三年七月一五日発行、昭和四七年一一月一五日復刻（思文閣版）。

（注）句点はあるが、読点はない。

②永井環『新日本の先駆者日下部太郎』昭和五年。九五～九七頁。

（注）書き下し文、がある。時制を守った文である。

③福井市史　資料篇（第九巻）「学問と文化」高沢岩雄家文書　一七八〜一八二頁、平成六年三月三日発行。
（注）句点、読点、書き下し文のかな、そえがな、がある。
＊原文、書き下し文は、主に右の③による。また、アメリカの地名、学校名、人名を（　）内にカタカナで書き、見やすくした。

【語釈】

○墮涙碑―「墮涙」の固有名詞の出典としては西晋の羊祜の故事が考えられる。西晋の羊祜（二二一〜二七八）が襄陽の峴山に登って感慨を催した故事は、『晋書』（六八四年成書）巻三四、羊祜伝に詳しく記されている。「羊祜が山の永続に対して自分の湮滅を嘆いた」という文である。即ち「土地の支配者が山に登ってその地を眺め下ろすこと、そこで生を惜しみ死の不可避を悲しむこと」が主題（論文の三〇、三一頁）である。これを「短命を悲しむ」という視点で捉えると、吉田東篁が日下部太郎の短命を嘆く文章に「墮涙碑」という題名を付けたことは、不思議ではない。漢学者であった東篁は羊祜の故事を知っていただろうというのは、まだ証拠を見つけていないので推測である。しかし、藩校に勤めた東篁の環境を考えると、知っていた可能性は高い。また、日下部太郎が日本からアメリカという遠い国に留学したことを考えると、「時代と距離、即ち時空の離れた」千八〇〇年前の三世紀の、日本海を隔てた大陸の中国」の出典を考えても、あながち突飛な思い付きとは言えないと思う。なおこれについては左記の論文を参照されたい。
『「峴山の涙―羊祜の墮涙の碑」の継承―』川合康三著、『中国文学報』第六二冊、二九〜四九頁、京都大学文学部、中国文学会、二〇〇一年四月刊。

○碑は「いしぶみ」。功徳を頌し（ほめたたえ）て石に刻む文。

「碑文」は生前の事跡をつづる「序」の部分と、事跡を総括して称賛と哀悼の意を表す「銘」の部分とに分かれる。『文心雕龍』に誄碑には「碑とは埤の意で、上古の帝王は、自分のことばを記して天地を祭り、石を立てて山に埤《つ》け足した。そのため碑と呼ばれる。碑文の様式は歴史家的な才能を必要とするところがある。碑の序は伝記に当たるし、本文は銘の形をとる。その盛徳を標序するには、必ず清らかな風格の精華を書き表し、大いなる美点を示すには、必ず高きいさおしを書きつける。これが碑のきまりである」と説明している（『文選七』小尾郊一著　集英社　三九九頁）。なお、詳細は、『文心雕龍』上、戸田浩暁著、明治書院刊、一八四～一八九頁、参照。

○米利堅合衆國―○米利堅―メリケン。アメリカ合衆国。○穎敏―才知がすぐれてかしこいこと。＝穎悟。○大義―人のふみ行うべき大切な正しい道。○比成童―○比―ころ。ころおい。○成童―童子の少し長じた者。ア…一五歳以上（礼記、内則）。イ…八歳以上（穀梁伝、昭公一九年）。○文武―学問と武術。○偏廢―一方だけをする。一方だけすたれる。○武技―武道の技。武術。武芸。○義烈―正義の心が強くさかんなこと。○洋字―『越前人物志』は「洋學」に作る。「西洋の学問」の意か。「洋字」―西洋の字＝英語の意味、が正しい。○慨然―①いきどおりなげくさま。②悲しく嘆くさま。○膝下―①父母のひざもと。②子が父母に対する尊敬の呼び名。○定省＝昏定晨省―親に孝行すること。子が朝夕よく父母に仕える意。晩には父母の寝床を安定し（敷いて休ませ）、朝には早く御機嫌を伺う（安否を問う）。〔礼記、曲礼上〕。○如何―方法を問う。どうしたらよいか。○圀―国の別体字。○一旦―旦は朝の意。一時的に、ひとまず。○中古―日本史、特に文学史の時代区分で、平安時代を中心にした時期をいう。

上古に次ぐ。この文では、室町時代に足利氏が、権力を失ってからのことを述べている。○朝幕―朝廷と幕府。
○藩鎮―節度使、及びそれに率いられる地方勢力。その数は唐代に四〇～五〇、五代に三〇～四〇あった。
○節度使―中国唐・五代の軍職である。「府兵制」の崩壊後辺境に置かれた傭兵軍団の総司令官。七一〇年の河西節度使が初めである。安史の乱後、国内各地にも置かれ、軍政のほか民政・財政の両権をも掌握するようになり、強大な地方勢力となった。宋初に廃止された。藩鎮。
＊府兵制―中国、西魏（魏）に始まる兵農一致の徴兵制で、日本古代の軍制の祖型となったもの。北周・隋を経て唐で整備された。唐では全国に六〇〇余の折衝府を設け、均田農民（均田法）の中から壮丁を三年ごとに選んで府兵とし、租庸調を免除して農閑期に折衝府に集めて訓練し、また衛士として輪番で国都や辺境の守備に当たらせた。しかし府兵の負担の過重による兵役忌避や均田制の崩壊により募兵制に切り替えられた。
○織田―尾張国の戦国大名。尾張守護斯波氏の守護代。その支族織田信秀から勢威次第に上がり、子信長は国内統一の実現を目前にして、本能寺の変で長子信忠と共に殺された。嫡孫秀信も関ヶ原の戦に西軍に属して滅亡。次子信雄の子孫が近世大名として存続した。
○豊臣―桃山時代、羽柴（豊臣）秀吉が一五八六年太政大臣となり、豊臣の姓を賜ったのに始まる。秀吉の養子秀次が関白を継いだが退けられ、秀頼が継いだ。秀頼は大坂の陣に敗れ、母淀君とともに自殺し、子の国松も捕らえられて斬られ、断絶した。
○徳川―江戸幕府の将軍家。もと松平氏といい、三河国の豪族。広忠のとき、今川氏に属したが、その子家康が一六〇三年江戸幕府を開設。以後、家光、綱吉、吉宗、家斉、家茂らを経て、慶喜が大政奉還を行うまで、一五代二六五年にわたって日本を支配した。将軍家と御三家、御三卿の嫡流に限り、その他の庶流は松平を称した。
○馴致—しだいに移り変わる。しだいにそうなるようにする。○趙宋—唐王朝の後の宋王朝のこと。宋は苗字が趙であるからいう。○消除—消え失せること。また、消し去ること。除去。○小康—①政治が行き届き、人民の生活が安定しているが、完全とまでいっていない世の中（礼記、礼運）。②多少の資産ができ、生活が安定すること。○洋警—西洋からの警告、の意か。黒船来航の警報を指す。○海内—四海の内。国内。天下。○騒然—騒がしいさま。落ち着かないさま。また、不穏なさま。○開鎖—開国と鎖国、の意。『越前人物志』は「閒鎖」に作るが「開鎖」が正しい。○紛紜—①さかんなさま。②みだれるさま。③ごたごたしたさま。○環海—国の四方を取り囲んでいる海。○洋船之利—洋船は西洋の船。それによる利益。○陸馬—陸上の馬車による輸送。○區區—①わずか。小さい。②取るに足りない。③こせこせしたさま。④努力するさま。○開化—文化を発展させる。人知または物事が開け進む。「文明開化」。○大才英傑—大才—すぐれた才能。また、その人。英傑＝英豪、すぐれた人物。○弱冠—①（「礼記、曲礼上」による。二〇歳を「弱」といって、元服して冠をかぶったことから）男子二〇歳のこと。②年が若いこと。○萬國—あらゆる国。世界中の国々。万邦。○公法—国家の組織、国家と他の国家および個人との関係を規律する法の総称。○是非曲直—〔論衡　説日〕物事の善悪や正邪。理非曲直。

「論衡」は王充撰。三〇巻。もと百編というも、今本は八五編（第四四編を欠く）。当時のあらゆる学説・習俗に対し、独自の批判を記したもの。王充（二七〜一〇一？）字は仲任。会稽上虞の人。百家の言に通達。反俗精神に徹し、虚妄を憎み真実を愛した。

○皇國—天皇が統治する国。すめらみくに。○慶應三年—一八六七年。○新日爾塞新—ニュージャージー。○新不倫瑞克―ニューブランズウイック。○拉多牙大學―ラトガース大学。○祁寒暑雨―祁寒は甚だ寒いこと、厳しい寒さ。大寒。暑雨は気候の温度の高い時の雨降り（梅雨）の季節。○頃刻―しばらく。少しのあいだ。○差―遣わす。出張させる。○額力非斯―グリフイス。○金章―①黄金の印章。②銅の印章。○成業―日下部太郎の学業上の努力による立派な成績。成果を言う。○假之年―假（仮）―かりに、もしもたとい、現実ではないが、もしあったとして、の意。これに年という時間があったとすると。○措―おく。そのままにしておく。○建石―石は墓誌。この場合、「墮涙碑」ということになる。

○開成所―江戸幕府が設立したオランダ・イギリス・フランス・ドイツ・ロシアなどの洋学の研究・教育機関。文久三年（一八六三）洋書調所を改称したもの。明治元年（一八六八）新政府により開成学校として再興され、二年に大学南校、四年南校と改称、六年再び開成学校と称す。一〇年東京大学の一部となる。

○庶幾―こいねがう。希望する。こひねがはくは。願わくは。…であってほしい。○利祿―利益と俸禄。禄をもらうのを得だと思う。〔礼記、表記〕○感發興起＝感興発起。感興―興味を感ずること。面白がること。興味。

○發起―思い立って事を始めること。新たにくわだてお起こすこと。○隱士―世を避けてかくれている人。世の中を見すてた者。隠者。

（人名）

○日下部太郎―一八四五～一八七〇。幕末福井藩最初の海外留学生。福井城下の江戸町（現福井市宝永町）に、福井藩士八木郡右衛門の長男として生まれた。名は八十八《やそはち》、のち太郎。幼時から勉学に励み、俊才ぶりを発揮した。彼が藩校明道館で修学中、一四歳のときすぐれた学業成績により授賞されたほどである。慶応元年（一八六五）九月、藩命により英学修業のため長崎に遊学し、幕府の洋学所済美館に入り、米人宣教師のフルベッキについて語学や数学を学んだ。同二年五月海外渡航の禁が解かれたが、同年九月彼は、福井藩派遣の渡米留学生に選ばれた。翌三年三月長崎を出港し、七月ニューブランズウイック市に到着、約一年間ラトガース大学付属予備校で基礎教育を受け、翌年同大学二学年に編入された。予備校時代にW・E・グリフイスの指導をうけたが、これがのちにグリフイスを福井に赴任させる機縁ともなった。日下部は大学で抜群の成績をあげたが、あまりにも過激な勉学がもとで肺結核におかされ、卒業を目前にしながらついに、明治三年四月、二五歳の生涯を終えた。大学では彼の成績優秀により卒業の資格を与え、さらに同大学優等生で組織されるファイ・ベータ・カッパ協会の会員に推挙され、その象徴であるゴールド・キイが故人に贈られたのである。この「かぎ」は、翌四年のグリフイスの来福の際、日下部の父親郡右衛門に手渡された。学問追求の大志を抱きながら遠く異国の地で死去した日下部とグリフイスとの深い友情のきずなをたたえる記念碑が、福井青年会議所の肝いりで福井市立図書館の構内に建てられている。そこには日下部の恩師の藩儒吉田東篁《とうこう》が残した「堕涙碑《だるい》」も一緒に刻まれている。なお昭和五五年（一九八〇）三月、財団法人「日下部・グリフイス学術文化交流基金」が成立し、福井大学とラトガース大学が学術・文化交流協定を結んでいる。

（『郷土歴史人物事典』一一七・一一八頁）

○ウイリアム・エリオット・グリフイス—一八四三〜一九二八。明治初期の外人教師。アメリカ合衆国フィラデルフィア市に生まれた。慶応元年（一八六五）ニュージャージー州ニューブランズウイックのラトガーズ大学へ入学。明治二年（一八六九）同大学を卒業。在学中日本人留学生の家庭教師をしたり、卒業後もラトガーズ大学の講師として日本人學生の指導教官をしていたが、このとき福井出身の留学生日下部太郎を知った。明治三年（一八七〇）

福井藩の招きで明新館の教師として来日、約一〇か月福井にとどまった。この間、明新館で理化学を教授した。間もなく廃藩置県の大変革に出会い、福井を去った。東京で約三年、開成学校（東京大学の前身）の教師として教壇に立ち、明治七年（一八七四）七月帰国した。彼の著書の一つ『皇国　The Mikado's Empire』のなかに福井時代の見聞記が日記風にまとめられている。帰国後もほとんど日本の研究と紹介に没頭し、日本を正しく世界に紹介し、理解させるために努力した。大正一五年（一九二六）一二月、再び夫人とともに来日、福井を訪れた。昭和三年（一九二八）二月五日フロリダ州ウインター・パークの別荘で死去した。（『郷土歴史人物事典』一四五・一四六頁）

○服部庸胤―不詳。

＊「堕涙碑」の幅について

現寄託者　平林幸子氏―平林氏は高沢岩雄氏の子女に当たる。資料台帳には「高沢家は日下部太郎令夫人の令妹婚家先」とある。（福井市立郷土歴史博物館）（但し、日下部は未婚）。

＊「堕涙碑」は現在「グリフィス記念館」の中庭に移されている。

「グリフィス記念館」の所在地、福井市中央三丁目五の四番地。

五　「留學へ出發する決意を述べる詩」（日下部太郎作）註釋

【本文】【書き下し文】

半肩行李雪鄉身　半肩の行李　雪鄉の身、
好嚮西方獨問津　好し　西方に嚮《むか》って獨り津を問ふ。
蓬髮蠻衣請休笑　蓬髮　蠻衣　請ふ　笑ふを休めよ、
挽回皇國是何人　皇国を挽回するは是れ何人ぞ。

【通釈】
片方の肩に旅行の荷物（行李）を担いで　雪国出身（の私）は、
よし　西方（のアメリカ）に向かって　独りで学問への道を尋ね（て出発す）るのだ。
散切り頭に外国人の服（を着ている私）を　どうぞ笑うのをやめてください（笑いなさるな）、
（遅れた）日本の国をもとに引き戻すのは何者でしょうか（ほかでもない私なのです）。

【押韻】（押韻）身・津・人（平聲眞韻）。（詩式）七言絶句、正格（平起式）。

【出典】

＊『新日本の先駆者　日下部太郎』永井環著　福井評論社　昭和五年九月三〇日印刷　一〇月五日発行、に「高島正家にて発見」とある（同書四一、四二頁参照）。

「高島文庫」（福井大学のＨＰより）

高島文庫は、郷土史家である高島正が明治三九年（一九〇六）六月に創立した私立図書館であり、高島が五〇数年かけて収集した郷土誌など約三万冊を有していた。文庫の所在地である福井県足羽郡美山村折立（旧大野郡下味見村折立）方面一円が足羽川ダム建設計画のため水没することになり、他の地へ移転する必要が生じ、高島の実子である福井大学学芸学部講師岡田正世から福井大学附属図書館に対し譲渡の意向が示された。予算の制約から一般図書を除く郷土誌のみを購入することになり、昭和三三年（一九五八）一一月、二八〇冊を一四九、〇〇〇円で購入し、残り七七八冊（見積価格九三、七一〇円）は高島正の希望により寄付図書として受け入れた。この功績により昭和三六年（一九六一）五月一〇日付で寄付名義者である高島忠夫（高島家の家督相続人）に対し紺綬褒章が授与された。高島文庫関係の目録としては、昭和三三年（一九五八）から昭和三四年（一九五九）までの同文庫からの受贈図書、雑誌、冊子、一、四二六冊と購入図書二八〇冊、計一、七〇六冊を収録した『高島文庫目録（郷土関係図書）昭和三五年』と改訂版の『高島文庫目録　昭和四一年三月』がある。

＊題名の記述がないので、内容によって筆者が付けた。

【語釈】

○行李―旅行用の荷物、旅行にもって行く必需品。○雪郷―越前（福井藩）は雪の多い地方である。○好―よし、軽い肯定のことば。○西方―アメリカを指す。○問津―渡し場のあり場所を問う。転じて、学問への道を尋ねる。解らぬ事を教えてもらうこと。○蓬髪―よもぎのように毛の乱れた頭。ちょんまげをとった、西洋風の髪型を指していった。○蠻衣―えびすの衣。外国人の衣服。蛮は外国人を軽蔑していうことば（中華思想から出た中国語。中国周辺の野蛮国＝東夷、西戎、北狄、南蛮、から来ていることば）。○請―こう。ねがわくは。どうぞ。○休―やめる。○皇國―ここでは日本国。国語では皇国は天皇の治める国。○挽回―西欧に比べて遅れている日本の現状を西欧に劣らない国に引き戻す。○是―これ。指示代名詞。ここは、強意の助字。○何人―何者。

【参考】

○この作品は慶応三年（一八六七）春頃の制作であろう。

休―やめる。休は平声の尤韻である。ここだけが平仄式にあっていない。しかし、休は勿と同じ様に使うことがある。ここのような場合である。なお、勿は入声物韻であるので、休を勿の用法と同じように使ったのであれば、この詩の平仄は完全に詩式にあっている。

【人名】

○日下部太郎―前出。

以上、前川幸雄試みに注釈す。二〇〇七年十月三〇日。

六　「送橋本篤齋兄遊于攝津」（吉田惇＝後の岡田準介作）註釋

吉田　惇

送橋本篤齋兄遊學于攝津
橋本篤斎兄の摂津に遊学するを送る

【題意】橋本篤斎兄が摂津に遊学するのを見送るときの詩である。

愛子不負桑蓬約　愛子は桑蓬の約に負かず、
獨伴鴻雁向南都　独り鴻雁を伴ひて南都に向かふ。
此行何必青嚢業　此の行何ぞ必ずしも青嚢の業のみならん
他日兼知君子儒　他日兼ねて知る君子の儒

【押韻】都・儒（平聲虞韻）

【通釈】
愛しい人は将来四方に雄飛したいという（自ら立てた志）にそむかず（違わず）、
一人で秋の渡り鳥の雁を道連れにして南の都（大坂）に向かう。
このたびの旅行は必ずしも医術を学ぶためだけと限ろうか（限らない）、
何時の日にか（医学と）道を学び徳を修める立派な学者となるためである。

【出典】福井市立郷土歴史博物館の「春嶽文庫」所蔵の文献による。

【語釈】

○橋本篤齋兄―橋本左内。兄は尊敬の意味を込めて言った。○攝津―旧国名の一。大阪府西部と兵庫県南東部に相当。五畿内の一、摂州、津国（つのくに）。○愛子―愛児。いとしい人・左内。

○桑蓬約―桑弧蓬矢―桑の木の弓と蓬の矢。昔男子が産まれたとき、これで天地四方を射て将来四方に雄飛することを祝った。「男子生、桑孤蓬矢六、以射天地四方。天地四方者、男子之所有事也。」（『礼記』射義第四六）。「男子生るれば、桑の弧蓬の矢六つ、以て天地四方を射る。天地四方は、男子の事有る所なり。」（男子が生まれると、桑の弓に蓬の矢六筋で天地四方を射る。天地四方は男子が事をなす場所だからである。）○約―男子が将来の目標を心に「しっかり決める」こと。約は「親の期待」ではなく、「左内自身の志」とみる。

○負―背く。期待を裏切る。○鴻雁―秋に来る渡り鳥。大は鴻、小は雁という。一説に大きな雁。○南都―京都を北都というのに対し奈良を南都という。ここでは「大坂」であろう。福井よりは南にある都、の意味。○此行―このたびの旅行。嘉永二年（一八四九）、左内一六歳の秋冬のことである。

○青嚢業―晋の郭璞が郭公という人から青色の袋に入れた天文・卜筮・医術に関する書九巻を授けられたことから、転じて、薬袋。その業とは医学を学ぶための学業ということ。

＊郭璞―（二七六～三二四）西晋の人。字は景純。詩賦に優れた。『楚辭註』『山海經註』『爾雅註』などの著書がある。

○他日―いつか別の日。後日。○兼知―予（兼）て―将来を見越す。今からもうわかっている（知っている）。

○君子儒―立派な学者。道を学び、徳を修めることを心がける学者。「女爲君子儒、無爲小人儒」（「論語」雍也第六）（汝君子の儒と為れ、小人の儒と為ること無かれ）「おまえは君子の儒になりなさい。小人の儒にはならないように」（平岡武夫著『論語』集英社）。

【人名】

＊吉田惇―吉田東篁の弟。のちの岡田準介である。

資料が、福井市立郷土歴史博物館に所蔵されており、「文書目録」も発行されている資料解説「枋屋家・岡田準介家寄贈資料について」角鹿尚計著がある。

「岡田準介家は、福井藩士稲葉采女家（福井藩上級武士＝高知席）に仕えた陪臣で、「元陪臣」（松平文庫蔵）によると、準介はのち信《しん》と名を改めた。安政三年（一八五六）四月二一日外塾趣仰付られ、万延元年一〇月二〇日外塾師、その後学諭同様、慶応元年五月九日年来学向心掛、同二年八月末日訓導師並席を拝命し、学務に勤めた。明治二年一一月、旧陪臣の故をもって卒族に編入された。準介（信）は『橋本景岳全集』に橋本左内よりの書翰二通を収載されており、左内と親交のあったことで知られる人物である。今回寄贈された文書中には、同書所載の準介宛左内書翰（嘉永四年五月一八日付け、岡田準介家文書三―⑥）も含まれている。この書翰では、大坂遊学中の左内が、国許福井の準介へ宛てたもので、自らの帰省について左内の父長綱に準介から我が意を伝えるよう依頼している。準介は、岡田恕助（詮）の養子で家督を継いだが、系譜にみるように実家は吉田家で、準介の兄は崎門学を橋本左内に伝え、多くの士卒の子弟に教授し、影響を与えた明道館助教兼侍読吉田東篁（一八〇八～一八七五）その人であった。

東篁は悌蔵と称し、下級藩士の出身であったが、学問を志して、京都の鈴木撫泉に私淑した。*藤田東湖・藤森弘庵・梅田雲浜等と交流し、門下には左内の他、鈴木主税・矢島立軒がいる。準介は実家の兄東篁と共によく学問に励み、多くの漢詩を遺した。岡田準介家の文書群には、東篁筆の詩幅や書翰も少なからずみられる。準介の交流も、東篁の門下生や東篁と交流を持った人物と重なっている。岡田準介家文書二―⑰は、岡田家菩提寺長休寺墓所に建つ準介の養父岡田恕助の墓碑銘原本で、東篁の撰文である。岡田準介家文書には準介（信）の孫直の関係資料が多数みえる。岡田直は、左内の実弟で、初代日本赤十字病院長となった橋本綱常の門下生で、医師として活躍した。これらの岡田準介家文書は、準介のご子孫にあたる某氏（匿名希望）よりご寄贈を受けたものである。吉田東篁と準介・直の関係については、ご寄贈者の手記を参考に当館の眞家昌之が作成したので附記しておきたい。

右は、資料（解説）の四頁を引用。なお、「吉田・岡田家系図」は同書五頁を引用。

（福井市立郷土歴史博物館蔵　杤屋家・岡田準介家文書目録　平成一七年三月三一日　発行　編集発行　福井市立郷土歴史博物館）

また、「北野博美関係家系図」は「裏方のひと―北野博美伝②」内海宏隆著（『若越郷土研究』四二巻三号）より転載した。

＊『越前人物志』による。

吉田・岡田家系図

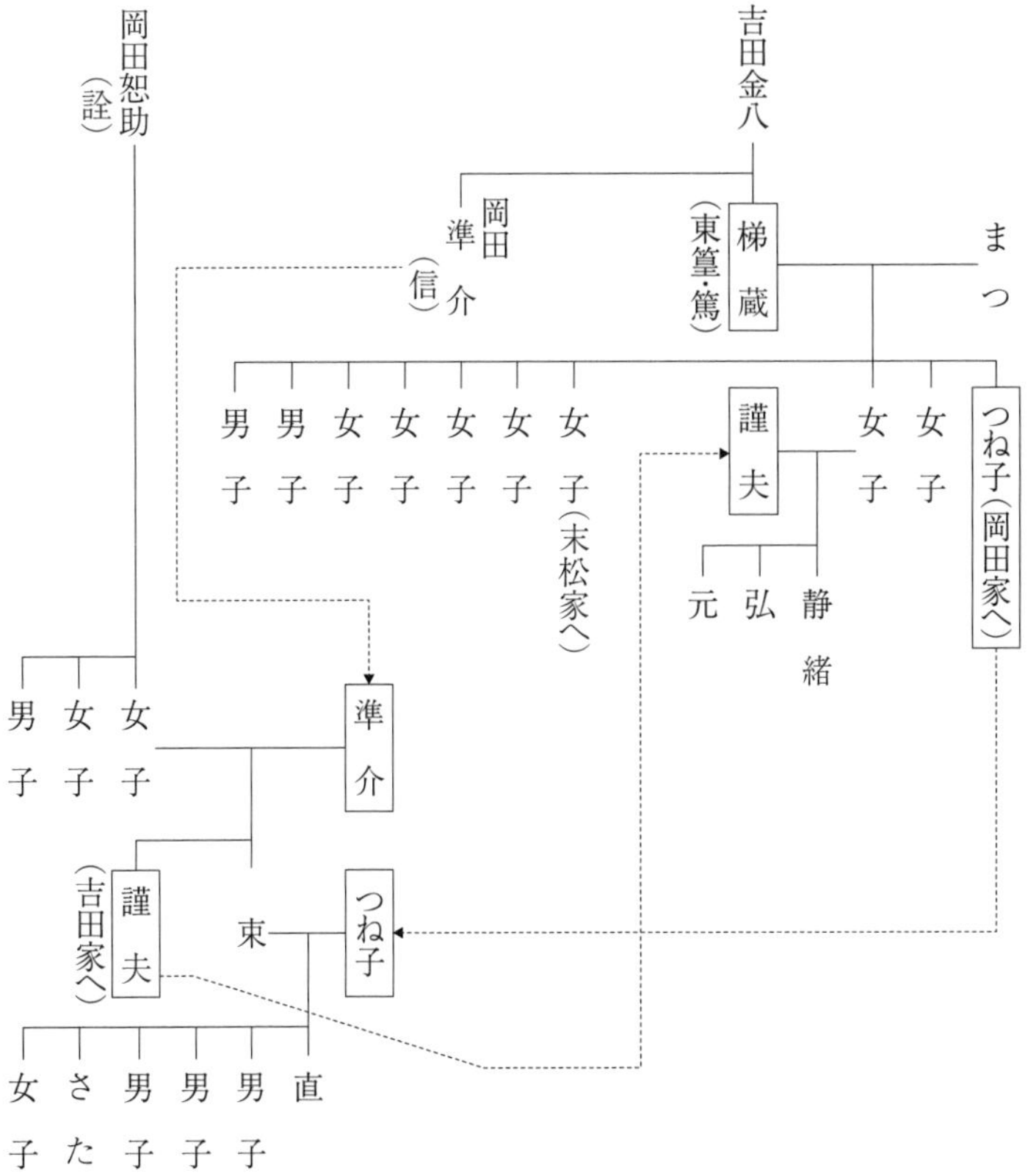
吉田金八
梯蔵（東篁・篤）
まつ
岡田準介（信）
岡田恕助（詮）
つね子（岡田家へ）
女子
女子
謹夫
女子（末松家へ）
女子
女子
女子
女子
男子
男子
静緒
弘
元
準介
女子
女子
男子
謹夫（吉田家へ）
束
つね子
直
男子
男子
男子
さた
女子

北野博美関係家系図

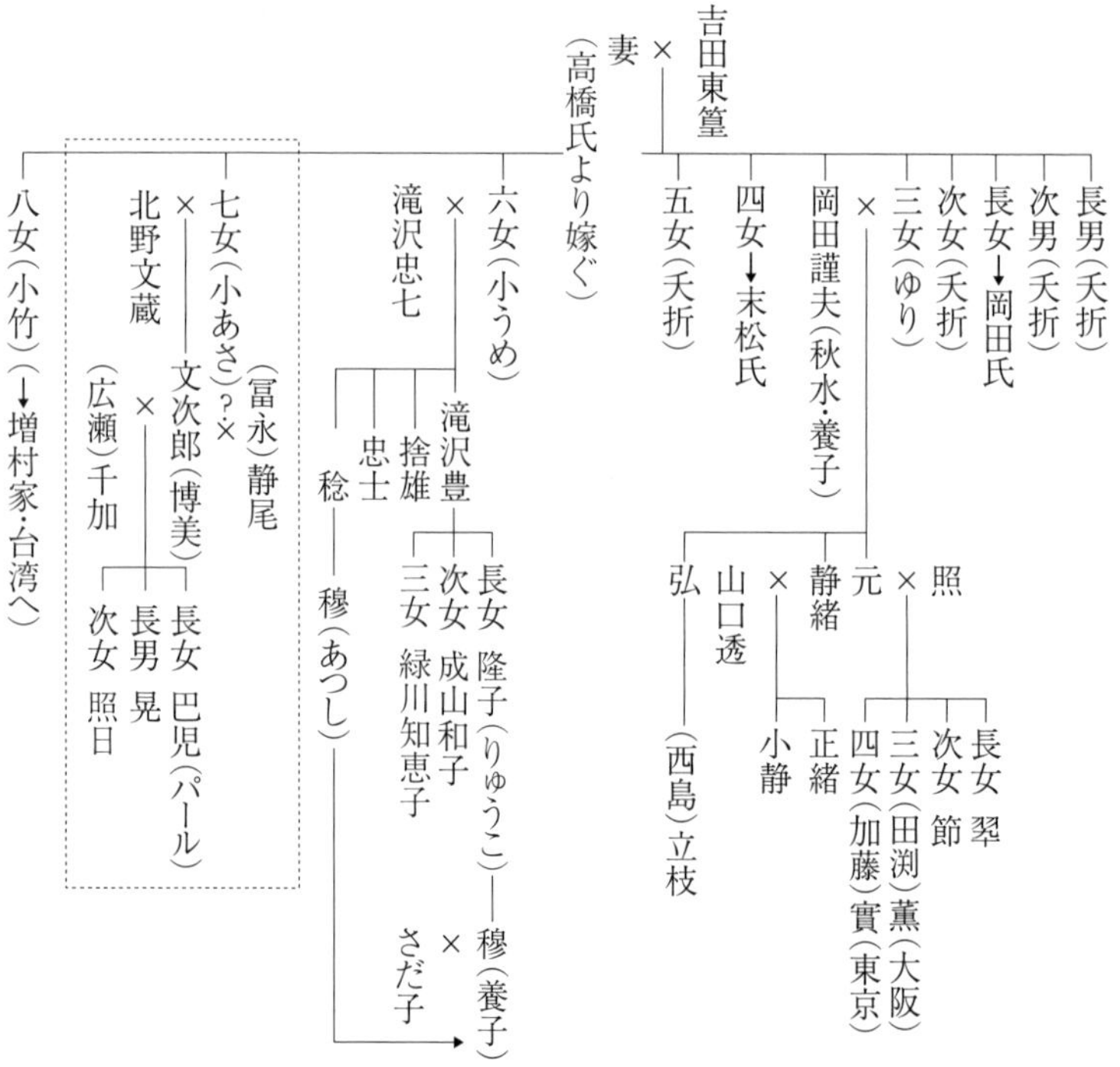
吉田東篁
×
妻（高橋氏より嫁ぐ）
長男（夭折）
次男（夭折）
長女→岡田氏
次女（夭折）
三女（ゆり）
×
岡田謹夫（秋水・養子）
照
×
元
長女　翠
次女　節
三女（田渕）薫（大阪）
四女（加藤）實（東京）
静緒
×
山口透
正緒
小静
弘
（西島）立枝
四女→末松氏
五女（夭折）
六女（小うめ）
×
滝沢忠七
滝沢豊
長女　隆子（りゅうこ）
穆（養子）
×
さだ子
次女　成山和子
三女　緑川知恵子
捨雄
忠士
稔
穆（あつし）
七女（小あさ）
×
北野文蔵
（冨永）静尾
?・×
文次郎（博美）
×
（広瀬）千加
長女　巴児（パール）
長男　晃
次女　照日
八女（小竹）（→増村家・台湾へ）

七 「送橋本弘道遊浪華序」（吉田東篁作）註釋

送橋本弘道遊浪華序
橋本弘道の浪華に遊ぶを送る序

吉田東篁

【原文】

予每謂今人所以志學而不及古人者、雖其義不一、而失之躁進者最爲多矣。蓋志可遠且大而不可以鋭焉。學可勉以勵而不可以急焉。急則難久、鋭則易沮。若夫遠且大與勉以勵則不然也。易而不懈、難而不怠、不爲名利之擾、不爲嗜欲之害、勉々循々、日就月將、遂極正大高明之域而後已矣。此古人之所以大過人而後世之所以不及也。如今人則其始視之容易、自謂古人易與耳、內不量其力、踏等好高、或至乎高視闊歩、有擧一世以下視之、而一旦至至難之地、則志氣消沮、無復所振、名利嗜欲投隙交攻、遂幷其所學、擧以失之矣。是予爲學者每所以戒其躁進也。橋本弘道本藩侍醫某君之適子、幼而穎悟、其居止殆若成人、而好書不倦、最勤其業、旁能詩文、去歲初遊予門、予一見識其不凡、喩之以所曾聞師友者、自是專用力於濂洛諸賢之遺書、頗識其大義矣。今茲欲辭其親西遊浪華、蓋以其業其志亦將有以所大爲焉。嗚呼如弘道可謂其志遠且大其學勉以励者也。然予竊以爲、浪華天下都會、率皆膏粱子弟輕俠凡流、其學者固亦雖復不少、善守其志而不失之者、百無一二也。今或孤立其間、內忽存養之功、外率少壯之氣、苟欲以言語文字之閒、而遽與彼爭進取之功、雖朋友同學、其必有所大難處者生於其閒矣。於是乎進不得其志、退而無所守、名利嗜欲亦將投隙而以攻之也。夫如是、則雖欲執其志以能終、其所學不亦難乎。是予所以以不能不爲弘道憂也。因書予每所以道語學者、以爲是行之餞云。

蒙齋吉田篤士行甫未定稿　［印］［印］

（春嶽文庫）

【書き下し文】

予毎に謂ふらくは今人の学に志して古人に及ばざる所以の者は、その義一ならずといへども、これを躁進に失ふ者最も多しと為す。蓋し志は遠くして且つ大きくすべく、而して以て鋭くすべからず。学は勉めて励むべく、しかして以て急にすべからず。急げば則ち久しくし難く、鋭ければ則ち沮になり易し。若し夫れ遠く且つ大なると、勉めて以て励とは則ち然らざるなり。易くして懈らず、難しくして怠らず、名利の擾を為さず、嗜欲の害を為さず、勉々循々、日に就き月に将《すす》めば、遂に正大高明の域を極めて、しかして後にやむ。此れ古人の大いに人に過ぐる所以にして後世の及ばざる所以なり。今人の如きは則ちその始め之を視ること容易にして、自ら謂ふ古人は与り易きのみと、内にその力を量らず、等を踏みて高きを好み、或いは高視闊歩して、一世を挙げて以て之を下視すること有るに至る。而して一旦至難の地に至れば、則ち志気消沮し、復た振るふところ無く、名利嗜欲をば隙に投じ交々攻め、遂にその学ぶ所を併せて、挙げて以てこれを失ふ。是れ予が学ぶ者のために毎にその躁進を戒むる所以なり。橋本弘道は本藩侍医橋本某君の適子にして、幼にして穎悟、その居止は殆ど成人のごとく、而も書を好みて倦きず、最もその業に勤め、旁ら詩文を能《よく》す。去歳初めて予が門に遊び、予一見してその凡ならざるを識る、これを喩すに嘗て師友に聞く所の者を以てす。是より専ら力を濂洛諸賢の遺書に用ひ、頗るその大義を識る。今茲その親に辞して浪華に西遊せんとす。

蓋しその業、その志も亦たまさに以て大いに為すところ有らんとす。嗚呼弘道の如きはその志遠く且つ大にしてその学勉めて励む者と謂ふべし、然れども予窃かにおもへらく、浪華は天下の都会にして、おおむね皆膏梁の子弟軽侠凡流、その学ぶ者固より亦復た少なからずと雖も、善くその志を守りてこれを失はざる者は、百に一二無し。今或ひはその間に孤立し、内に存養の功を忽せにし、外に少壮の気を率い、苟も言語文字の間を以って遽かに彼と進取の功を争はんと欲せば、朋友同学と雖も、それ必ず大いに処し難き者のその間に生ずる所有り。是に於いてや進んではその志を得ず、退きては守るところ無く、名利嗜欲もまたまさに隙に投じてもってこれを攻めんとするなり。夫れかくの如くんば、則ちその志を執り以て終わりを能くせんと欲すと雖も、その学ぶ所亦た難からずや。是れ予の弘道のために憂へざる能はざる所以なり。因って予が毎に道を以て学ぶ者に語る所を書して以て是の行の餞と為さんと云ふ。

【通釈】

私は常々思っていることだが、今の人間が学問に志しても、昔の人に及ばない訳は、その理由は一つではないけれども、（学問の達成を焦って）せっかちに進める者に失敗する者が最も多いと思う。考えてみるに、志は遠大にすべきではあるが、しかし鋭くしてはいけない。学問は勉め励むのがよいが、しかし急いではならない。急げば長く続け難いし、鋭ければ則ち沮喪になり易い。もし（志は）遠く大きく考えて一生懸命に励めばそうはならない。易しくして怠けず、難しくしても怠らない。名誉利益を求めるような煩わしいことをせず、（五感の）欲望を求めるような害になることをせずに、順序正しく勉め励み、日々に、月月に進めば、（その結果は）堂々として賢明な境地に到達することで終わるのである。これが昔の人が（今の）人よりも優れた理由であり、後世の（人が）及ばない理由である。今の人は初めに学問を見るとき簡単に考えて、自分から昔の人に及ぶのは簡単であるという。自分の心の中で自分の力をよく計算しないで、同レベルの人を踏みつけて（下に見て）上を好んで見て、あるいは高いところを見て大股に歩き、一世を挙げてこれ（その全て）を下に見るということになる。そして一旦至難の地になると、意気込み・熱意を失い、再び勇気を振るうこともなく、名誉利益を求めて、隙に乗じて攻め合い、ついには学ぶ所もあわせて全て失う。これが私が学ぶ者のためにいつも焦って進むことをしてはいけないと忠告する理由である。橋本弘道は本藩すなわち福井藩の侍医（藩公、同夫人の側近に在って診療に当たる医師）の某君（橋本長綱）の嫡子であって、幼い時から賢く、振る舞いはほとんど一人前の大人のようで、しかも書物を好みあきずに、本来の学業に勤め、かたわら詩文を巧みに作る。去年初めて私の塾に来たが、私は一目見てその非凡の才を知った。（それで）以前師や友人から聞いたことを話して諭した。その時から（彼は）専ら力を濂洛諸賢の遺書の学習に用い、その（宋学の）大義を知った。今年、親に挨拶をし、西の方浪華に遊学しようとしている。考えてみると（これによって）学業、志もまた大いに成果をあげようとするものであろう。ああ、弘道の如きは、その志が遠大であり、学問に努力する者と謂うべきである。けれども私がひそかに思うに、浪華は天下の大都会であり、おおむね財産家の子弟・浮ついた者・凡人も多く、その中に学ぶ者ももちろん少なくないと思うけれども、その志をまもって失わない者は、百人に一人二人もないであろう。今そのような者の中で孤立し、内面では本来の性質を失わないで己をみがくことを疎かにし、外面では若者の元気を出して、仮にことば（人との会談）文字（作品制作）の面で、急に他人と進歩的であることを争うと、朋友、同学の間であっても、必ず処置に困ることもその間に起こるであろう。そうなると、進んでも志を得ないことになり、退いても守ることもなくなり、名誉利益、嗜欲もまた、隙に乗じてこれを求めようとして互いに攻め合うようになる。そうなれば、志を追求し、学業を終わりまで善くしようとしても学ぶことは難しいことではあるまいか。これが、私が弘道のために心配しない訳にはいかないところである。そこで、私が常に道を以て学ぶ者に話すことを書いて、この度の旅に贈る言葉とするのである。

蒙齋　吉田篤　士行　甫未定稿　［印］［印］

（春嶽文庫）

【出典】福井市立郷土歴史博物館の「春嶽文庫」所蔵の文献による。

【語釈】

○浪華―大坂市の古名。上町（うえまち）台地北部一帯の地域をさした。また、一般に大阪のこと。

○序―文体の一つ。「爾雅」（中国最古の辞書）に云ふ、序は緒なり、と。序の体は、詩（経）の大序に始まる。首（はじめ）に六義を言い、次に風雅を言ひ、又次に二南王化の自を言ふ。その言に次第、序がある。故に之を序という（『文体明辨序説』徐師曾著）。「文選」は文体を三九類に分けており、その中の一つに「序」がある。いわゆる序文のことである。『文心雕龍』論説には、論の体に種々あるとして、その中に「序」とか「引」とかをいれて、「序」は「事を次《つい》ずる」ものとしている。

＊文体の一つの「序」は「物事の次第を順序を立てて述べるもの」である。「送序」は知人と別れる時に惜別の意を述べたものである。

○毎―つね（常）に、いつも。○今人―（こんじん）今の時代の人。○古人―昔の人。○其義―その意味。わけ、理由。

○學者―学問をしようと志を持って学ぼうとする若者。ここでいうのはいわゆる専門の学者のことではない。○躁進

―①せわしく進む。②せっかちに出世したがる。

○橋本弘道本藩侍醫某君之適子―橋本弘道は本藩すなわち福井藩の侍医（藩公、同夫人の側近に在って診療に当たる医師）の某君（橋本長綱）の嫡子。○勉励―学業などに勉め励むこと。一生懸命に努力すること。○沮―くじける、ひるむ、止める、の意。○懈怠―（かいたい、けたい）。怠る、怠ける。○名利之擾―名誉利益の擾（じょう）。擾はわずらわしい、うるさい、さわがしい、の意。○嗜欲―思うさま飲んだり、見たり、聞いたりしたいという心。○勉々循々―勉勉はつとめはげむさま。循循は順序正しいさま。整然。○日就月將―日に就き月に将む（日々学業に就き、月ごとに将〈すす〉める、意か）。○正大―態度や行動などが正しく堂々としている・こと（さま）。○高明―徳が高く、賢明である・こと（さま）。○高視―高い所を見る。○闊歩―おおまたにゆっくり歩くこと。大いばりで勝手気ままにふるまうこと。○志氣―戦いに臨む兵士の意気込み。また、集団で事に臨む人々の意気込み。熱意。○消沮―おとろえ、くじける。○投隙交攻―隙に乗じて攻め合う、の意か。○穎悟―すぐれて悟りの早いこと。賢いこと。また、そのさま。○居止―①住居〔向秀・思旧賦序〕。②たちいふるまい、態度。○成人―①心身ともに成長して、一人前の人間になること。また、その人。②成人に達すること。また、その人。○凡―平凡であること。すぐれ劣りのないこと。目立つ点のないこと。

○濂洛諸賢之遺書―濂は濂渓（湖南省にある川）に居た周敦頤（しゅうとんい）、洛陽（河南省の地名）に居た程顥（ていこう）・程頤（ていい）らの諸々のすぐれた学者たちの残した書物。諸賢には、関中（今の陝西省）に居た張載と閩中（今の福建省）に居た朱熹らを含めていると見てよい。これらの学者が唱えた宋学の書物を指すのであろう。

○膏粱―①あぶらのついた肉と米の飯。美食〔孟子告子篇〕。②膏粱を食べている者。富貴な人。財産家。○輕俠―

うわすべりの男だて〔漢書・趙広漢伝〕。○凡流―平凡な人々。なみの人々。一般階級。○存養―〔孟子盡心上〕本来の性質を失わぬようにして、その善性を養うこと。○少壮―若くて元気のよいこと。また、その年頃。○言語文字之閒―言語は話し合い、文字は作品を作ることを、の間の意か。○進取―従来の慣習にこだわらず進んで新しいことをしようとすること。○是行之餞―この度の浪華への旅行（嘉永二年（一八四九）、左内一六歳の秋冬の旅である）の贈りもの。餞は、旅たちや門出に際して激励や祝いの気持ちを込めて金品・詩歌・挨拶の言葉などを贈ること。また、その金品や詩歌など。○甫未定稿―甫（はじめて）の未定稿である。完成した原稿ではないの意。

【人名】

○蒙齋　吉田篤　士行―蒙齋は号。篤は名。士行は字。なお、前掲資料「福井市立郷土歴史博物館蔵　杤屋家・岡田準介家文書目録」の四～六頁を参照。

橋本左内小伝

橋本左内、（一八三四～一八五九）。天保五年、越前国福井城下常盤町に福井藩医の長男として生まれる。父、彦也（長綱）三〇歳、母梅尾、二一歳。名は綱紀、字を伯綱といい、藜園、景岳と号した。

七歳頃から、漢学、書を学び始む。八歳、藩儒高野真斎について学ぶ。一〇歳『三国志』を通読し、ほぼその意を解した。一二歳、剣術、柔術を学ぶ。藩立医学所済世館に入り、漢方を学ぶ。藩儒吉田東篁に入門。宋の岳飛を慕い、景岳と号す。父の診療を手伝い、詩文を作る。一五歳、『啓発録』をあらわす。一六歳、冬、大坂の緒方洪庵の適適斎塾入門。藩主慶永より遣使褒賞さる。一八歳、五月ごろ、梅田雲浜と会う。このころ横井小楠と二度面会。一九歳、二月、大阪より帰国。一〇月父死す。一一月、家督相続（二五石五人扶持・藩医）。二〇歳、種痘に出精の故をもって慶永より慰労の辞を受ける。この年医療に従事し、藩医たちと蘭書購読会を開く。二一歳、二月、藩儒吉田東篁の母の乳癌を手術す。同月、二二日、江戸遊学出発。三月、江戸到着。坪井信良、杉田成卿、塩谷宕陰に入門。五月、戸塚静海に入門。八、九月ごろ、少しずつ他藩士と交わる。二二歳、六月、藤田東湖より海警について内聴。同月、慶永より学業上達の褒辞・印籠を給せらる。七月、藩命により帰国。一〇月、医員を免ぜられ書院番となる。一一月、二八日、再度上府、途中一二月四日、遠州中泉代官林鶴梁を訪ねる。一二月九日江戸着。同月二七日、西郷吉兵衛（隆盛）・安島帯刀と初対面。この年、水戸藩士菊池為三郎と交渉を持つ。二三歳、三月一九日、武田耕雲斎と会う。四月一一日、『回天詩史』を写し始める。同月二一日、帰国を命ぜらる。五月二八日ごろ、江戸を出発。六月一四日、福井帰着。七月一七日、明道館講究師同様心得、蘭学係。九月二四日、明道館幹事兼側役支配。二四歳。正月一五日明道館学監同様心得。八月七日、福井発。同月一一日、尾張藩田宮弥太郎と会談。同月一三日、林鶴梁を訪ねる。同月二〇日、江戸着。侍読兼内用係を命ぜらる。一〇月二一日ごろ、慶永に対し、『通議』『八家文』『資治通鑑』閲読をすすめ、伴読。

この年以後次年の七月まで、藩主慶永のブレーンとなって国事（将軍継嗣問題、一橋（徳川）慶喜擁立）に奔走した。その目的は、井伊直弼の外交政策に対する問題提起であったため、安政五年、二五歳、七月五日、慶永隠居急度慎、を命ぜらる。春嶽は左内の多年の忠勤を嘉され硯箱を賜う。一〇月二二日、幕吏、藩邸内曹舎に来たり捜索、書類を押収し、訊問を行う。同月二三日、江戸町奉行石谷穆清に召還され、庁舎において尋問を受け、滝勘蔵方預け謹慎を命ぜらる。幽閉中は他と面会文通をせず、読書吟詠自ら遣る。慶永の雪冤に心を痛める。一一月八日、一〇日、町奉行所において尋問を受く。

二六歳、安政六年（一八五九）正月八日、二月一三日、三月四日、七月三日、九月一〇日、評定所において訊問を受く。一〇月二日、入獄。同月七日、刑死す。

（上述のように、左内は、藩医から士分に取り立てられ、教育行政に、更には国政の渦中に置いて活動するのである。しかし、このことが結果としてあだとなり、二六歳を一期として、その生涯を終えることとなったのである。）

右は主として左記の書による。

①景岳会編『橋本景岳全集』　歴史図書出版社　昭和五一年七月三一日発行　上巻の「橋本景岳先生年譜」。

②山口宗之著『橋本左内』　吉川弘文館　昭和六〇年一一月一日新装第一刷の「略年譜」。

＊なお、吉田東篁と橋本左内については、「『東篁遺稿』研究―吉田東篁と陶淵明―」前川幸雄著　朋友書店、二〇一八年三月刊、も参照されたい。

八 「橋本左内の漢詩に見える韓愈」研究

序言

幕末の福井藩の志士で、「安政の大獄」に斃れた橋本左内は、漢詩を一四、五歳から作り始めている。詩の内容と年譜とによって判断すると、一七、八歳で二〇首、一九歳では一九首、二〇歳では二四首、二一歳では七首、二二歳では二首、二三歳では一四首、二四歳では九首作っている。そして、二五歳では急に増えて七五首、二六歳の一〇月、処刑されたこの年には二八〇首作り、合計四五〇首の漢詩を作っている。（なお、少年時代の作品六首を加えると四五六首が現存する。）特に二五歳の安政五年（一八五八）一〇月二三日、滝勘蔵方に預け謹慎を命ぜられて以後は毎日のように作ったと見られ、刑死するまでにほぼ三〇〇首作っている。日記を付けるように漢詩を作ったのである。[1]

私は以前にこの漢詩に目を通す機会を得た。[2] そして、政治家というイメージとは違う、いかにも詩人的な、ナイーブな感覚を持った青年の苦衷に満ちた姿が、その詩から彷彿として浮かび上がって来たことに驚いたことがある。その時、この作品群のなかに、中唐の韓愈（七六八～八二四）の名前を記す四つの作品がある事を知ったのである。

そこで、左内の漢詩の中で韓愈がどう扱われているのかをみてみようとするのである。

なお、橋本左内の伝記については、先に挙げたものに拠る。[3]

一　作品研究

本稿では、作品名（題名）の下に「整理番号」を（　）内に付けておく。[4]原文の下に、【書き下し文】を付ける。次に、「詩形」と【押韻】、【題意】、【語釈】、【通釈】を付ける。なお、「書き下し文」の下に、換韻の箇所を示す（二）を付ける。また、韓愈との関わりについて若干の【考察】、及び【余説】を記す。

贍林明府長孺　林明府長孺に贈る[5]　（七八番）

曾誦青緗萬卷餘　曽って誦す青緗万巻余、
治郡今日姦如鋤　治郡　今日の姦　鋤するが如し。
笑君一事□（贏か）韓愈　笑君の一事　韓愈に贏つ、
光範門前不上書　光範の門前　書を上らず。」

七言絶句。全四句。一韻到底格。【押韻】餘、鋤、書（平聲魚韻）。

【題意】代官林長孺氏に贈る。

【通釈】

貴君は以前には、青い帙に入っている書籍を非常に多く読まれた学者でしたが、現在、郡を治められて、今の悪人を根絶されました。
快男児たる貴君のお仕事は、韓愈に勝るものがあります、
かがやかしい模範を示される貴君に直接手紙をさし上げるのを遠慮しております。
（代わりにこの詩を贈ります。）

【語釈】

○明府―漢代では太守、唐代では県令のこと。ここでは代官をいう。○青緗（せいしょう）―青い絹。書物を入れるおおい。帙。○姦（かん）わるもの。○鋤（しょ）―田畑を耕す。転じて、悪人を根絶する。○笑君―よろこびあえる友人としての君。○贏（えい）―勝つ。○光範（こうはん）―かがやかしい手本。○上（たてまつる）―さし上げる。○書―手紙。

【人名】

○林鶴梁―文化三年（一八〇六）～明治一一年（一八七八）。七三歳。江戸時代、上野（群馬県）の人。名は長孺。通称は伊太郎。号は鶴梁。家は三世続いた徳川氏の武庫の吏員。古文を長野豊山に学び、経義を松崎慊堂に受け、文名があらわれた。弘化二年（一八四五）甲府徽典館教授となり、嘉永六年（一八五三）遠州中泉代官、ついで羽州中泉代官、ついで羽州幸生の銅山奉行に擢んでられた。黒船が、我が国に来たとき鎖港を唱えて、藤森弘庵らと議論しあった。当局から退けられ、明治元年（一八六八）、維新後は出仕せず、麻布の屋敷で生徒を教えた。岡本花亭、羽倉簡堂らと並び、儒を以て吏務に任じた数少ない存在で、甲州流軍学の大家としても知られた。著書に、鶴梁文抄一〇巻四冊（明治一三）・同続篇二巻二冊（明治一四）・酔亭詩話一冊があり、二〇数年間の漢文の自筆の日記もある。

（『明治文学全集62　明治漢詩文集』神田喜一郎編　筑摩書房、による）

○韓愈―（七六八～八二四）は、中唐の詩人、文章家。名は愈、字は退之、号は昌黎。儒教を崇び、特に孟子の功を激賞する。徳宗、憲宗、穆宗に仕え、官吏として幾多の功績を残した。諡は文公。著は、『韓昌黎集』四〇巻がある。唐宋八大家の第一人者。柳宗元と共に当時流行していた美文を排し、古文復興に力を注ぎ、韓柳と併称される。また、唐代の代表的詩人として「李（白）、杜（甫）、韓（愈）、白（居易）」と称されている。

【余説】

○左内は、「橋本左内略伝」において記したごとく、二二歳の安政二年（一八五五）一一月二八日、二度目の上府をし、途中一二月四日遠州中泉に林鶴梁を訪ねている。この詩はその年に作られたものと思われる。ただし、「景岳詩文集」では安政三年の箇所に置いている。なお、左内は二四歳の安政四年（一八五七）八月七日、福井をたち、同月一三日にも、林鶴梁を訪ねている。

○この詩では、韓愈のどの立場を頭において描いているのかは明確に出来ない。あるいは、貞元一九年（八〇三）韓愈三六歳、監察御史の時、上疏して宮市のことを論じたことが、徳宗の怒りに触れ、陽山の令に貶された。しかし、善政を行い、二年後（八〇五）に江陵の法曹参軍に改められた(6)こういったことを意識しているのかも知れない。

○林鶴梁は、当時著名な儒者であったし、特に代官としての治績も聞こえていたので、文豪であり、政治家でもあった韓愈を比較の対象としたのであろう。

冬夜有感　　冬夜　感有り　　（一五四番）

男兒平生志　男児　平生の志、
留名照汗青　名を留め汗青を照らす。
碌碌老牕下　碌碌として牕下に老いれば、
死當目不瞑　死すとも当に目瞑せざるべし。
轗軻與榮達　轗軻と栄達とは、
譬猶醉而醒　譬ふれば猶ほ酔ひて醒むるがごとし。
醒醉須臾事　醒酔　須臾の事、
寧足累精靈　なんぞ足らん　精霊を累はすに。」
我本倜儻士　我はもと倜儻の士、
髫齓耽簡冊　髫齓　簡冊に耽る。
常期竹帛功　常に期す　竹帛の功、
反悲飢寒迫　反って悲しむ　飢寒の迫るを。
跪兀二十年　跪兀　二十年、
荏苒駒過隙　荏苒として駒隙を過ぐ。
匪不加省察　省察を加へざるに匪ざるも、
動輒與物逆　動もすればすなわち物と逆らふ。
冷炙及殘杯　冷炙　残杯に及び、

酸辛悉呑咋　　酸辛悉く呑咋す。
閻羅折棠棣　　閻羅　棠棣を折り、
祝融崇園宅　　祝融　園宅に崇る。
二豎潛膏肓　　二豎　膏肓に潜み、
五鬼隱項脊　　五鬼　項脊に隠れ。
所虧只一死　　欠くる所はただ一死のみにして、
半生罹百厄　　半生　百厄に罹る。」
百厄雖自困　　百厄　自ら困しむと雖も、
向人不乞憐　　人に向ひて憐れみを乞はず。
挑燈坐棐几　　灯を挑げて棐几に坐し、
尙友有古賢　　尚友　古賢に有り。
偉哉昌黎公　　偉なるかな昌黎公、
上疏遭左遷　　上疏　左遷に遭ふ。
貶謫不少屈　　貶謫　少しも屈せず、
忠義貫坤乾　　忠義　坤乾を貫く。
快讀忽達旦　　快読　忽ち旦に達し、
坐覺輪囷宣　　坐して覚ゆ　輪囷宣ぶるを。

35　膏燼燈漸白　膏燼きて灯漸く白み、
破窓雪翩翩　破窓　雪翩翩たり。
今曉頗快樂　今暁頗る快楽にして、
香風報梅嫣　香風　梅嫣を報ず。」

五言古詩。全三八句。換韻格。

【押韻】

①（1〜8句）青、瞑、醒、靈（平聲青韻）
②（9〜24句）迫、隙、逆、咋、宅、脊、厄（入聲陌韻）
③（25〜38句）憐、賢、遷、乾、宣、翩、嫣（平聲先韻）。

【題意】冬の夜、感ずることがある。

【通釈】

男子として平素めざしているのは、
歴史に名を残すような仕事をして、書物にかがやかしく書き記してもらうことである。
碌に役に立たずに、家の中で年をとってしまっては、死んでも死にきれない。
事が思うように進まないのと、栄えて高い地位に進むのとは、
たとえればちょうど、酒に酔うのと酔いから醒めるようなものだ。
酒に酔ったり醒めたりすることはしばらくの間のことで、
なにも魂を煩わせるほどのことではない。
私は本来、他人に拘束されずに独立している人間である、
こどもの頃から書物を読みふけり、
いつも歴史に残る功績をあげようと心掛けてきたのに、
今や、悲しいかな、飢えと寒さにくるしむ囚われの身となってしまった。
思えば、あれこれゆれ動いて来た二〇年である。
だらだらしているうちに、月日は早く過ぎてしまったものだ。
自分の行動には、反省を重ね、よく考えているつもりだが、
いつもいつも、物事はうまくは行かない。
残飯をあさるような恥ずかしい境遇になり、
世の中の苦しみをすべて呑み尽くしたような気がする。
閻魔は、咲きほこる庭梅のように華やかな命をうばい、
火の神は、立派な邸宅にわざわいをもたらす。

病が重くて治療のしようがないように、
また五匹の悪鬼が体内で暴れ回っているような手のほどこしようのない現状である。
いまや欠けているのは、たった一つの死があるだけで、
一生の半分、この二五年間に百の災難にあったようだ。
百のわざわいで自然と苦しむとしても、
人に向かってあわれみを乞い願ったりはしない。
灯火をかき立てながら机に向かって坐り、
尊敬する友である、昔の賢人と語り合おう。
偉大であるなあ、昌黎公は、
天子に意見を申し上げて、官位を下げられ、地方に追いやられた。
その処罰にも少しも屈服することなく、
忠義の心は、天地を突き通すほど純粋であった。
韓愈の詩文を、気に入って読んでいる中に、早くも夜明けになってしまったが、
気持のわだかまりがすっかり解消したように思われる。
油もなくなり、灯火もそろそろ消えようとしている、
やぶれ窓の外では、雪がひらひらと舞っている。
今朝は大層気持がよい、

よいかおりの風が梅の花が開いたのを知らせてくれている。

【語釈】

○汗青（かんせい）―書籍。○照（てらす）―かげを映す。文天祥の「零丁洋を過る」の詩に、円心を留取し汗青を照らす、の句がある。○碌碌（ろくろく）―役に立たぬさま。○牖下（ゆうか）―室内。牖はかべのまど。○瞑（めい）目をつぶる。安心して死ぬ。○轗軻（かんか）―事が思うように運ばず不幸、不運のさま。○榮達―栄えて高い地位に進む。○醉（すい）―酒によう。○醒（せい）―酒の酔いがさめる。○須臾（しゅゆ）―しばらく。少しの間。○累（わずらわせる）―手数をかける。○精靈―たましい。○倜儻（てきとう）―物事に拘束されない。○髫齔（ちょうしん）―童子。たれがみをし、歯のぬけかわるころ。○耽（ふける）―度をこしてたなしむ。○簡册―書物。○竹帛（ちくはく）―書物。○飢寒―うえとさむさ。○迫（せまる）―さしせまる。○䠔兀（げつごつ）―ゆれ動いて不安なさま。○荏苒（じんぜん）―歳月が長びくさま。○駒過隙（くげきをすぐ）―月日の早くすぎること。「荘子」知北遊に、人生は白駒の隙を過ごるが如し、の句がある。白駒は光陰をさす。○匪（あらず）―否定の助字。非に通ずる。○加（くわえる）―重ねる。○省察（せいさつ）―反省してよく考える。○動（ややもすれば）―いつも。○輒（すなわち）―そのたびに。○逆（さからう）―そむく。○冷炙（れいしゃ）―冷えた焼肉。○殘杯（ざんぱい）―飲み残しの酒。残杯冷炙で、はずべき待遇のたとえ。○酸辛（さんしん）―非常な苦しみ。○悉（ことごとく）―のこらず。○呑咋（どんさく）―飲むと食う。○閻羅（えんら）―地獄の王。人の生前の罪を判定して罰を加えるという。○棠棣（とうてい）―花樹の一種。にわざくらともにわうめともいう。○祝融（しゅくゆう）―火をつかさどる神。転じて火災。

○崇（たたる）―神の下すわざわい。○園宅（えんたく）―庭のあるやしき。○二豎（にじゅ）―病魔。病気のたとえ。春秋時代に晋の景公が病気になり、夢でその病気が二人のこどもとなり、医者の治療できない箇所に隠れたという故事がある（「左伝」成公一〇年）。○膏肓（こうこう）―膏は胸の下の方、肓は胸部と腹部のあいだの薄い膜。膏と肓とのあいだは治療しにくい部分。○五鬼（ごき）―五種の窮鬼。智窮、学窮、文窮、命窮、交窮をいう（韓愈の「送窮文」参照）。○項脊（こうせき）―くびすじとせなか。○虧（かける）―欠ける。○半生（はんせい）―一生の半分。人生五〇年といわれた。当時作者は二五歳。○百厄―百のわざわい。○挑（かかげる）―かきたてる。○棐几（ひき）―かやの木の机。○尚友（しょうゆう）―古人を友とする意であるが、ここでは尊敬する友人をいう。○古賢―むかしの賢人。○昌黎公（しょうれいこう）―韓愈のこと。前出。（七八番の語釈・人名欄参照）。○上疏（じょうそ）―天子に文書を差し出す。○左遷（させん）―官位を下げる。○貶謫（へんたく）―官位を下げて処罰する。○忠義―君主や国家に対して真心を尽くす。○坤乾（こんけん）―天と地。○快讀―心にかなった読書。○旦（あした）―夜明け。○輪囷（りんきん）―木の根などがぐねぐね曲がっているさま。○宣（のびる）―のびやかになる。○膏（あぶら）―ともしびをともす油。○燼（つきる）―もえてなくなる。○破窓（はそう）―やぶれた窓。○翩翩（へんぺん）―ひらひらする。○頗（すこぶる）―はなはだ○香風（こうふう）―よいかおりのする風。○梅嘕（ばいえん）―梅の花がほころぶ。嘕は笑うさま。

【考察】

○第二七句から第三四句に韓愈のことが述べてある。

この詩は、二五歳、安政五年（一八五八）の春の作であろう。韓愈のことは（七八番）の詩で見えた。この詩は、元和一四年（八一九）韓愈五二歳の時、仏骨を迎える朝廷に対して、持ち前の儒教的立場から、それを批判する「仏骨を論ずる表」を奉り、その為に憲宗皇帝の怒りに触れ、広東の潮州刺史に左遷された事件を取り上げているのである。韓愈の行為を皇帝に対する忠義とみたて、憲宗と慶永、韓愈と自分とを重ね合わせているのである。韓愈は、翌年（八二〇）一月、憲宗が急死し穆宗が即位すると、九月には国子祭酒に転任して復活した。しかし、左内は復活出来ないで刑死する。しかも、左内はこの時点では、自分も韓愈のように、いずれは許されると考えていたと思われる。

【余説】

〇三八句の長い詩である。換韻するごとに内容を変化させる。

初めの八句で、自分の平生の志を述べ、次の一六句は、こと志と違って苦境に陥った悩みを訴える。最後は、韓愈の文を読んで心を慰めることを述べている。

花時招友人飲、作醉歌一章　（二一〇番）

花の時　友人を招きて飲み、酔歌一章を作る

人生百年參萬日　　人生百年　三万日、
算來雖多去極疾　　算ふれば多しと雖も去ること極めて疾し。
病患災害吉凶變　　病患災害　吉凶の変、
能爲神出而鬼沒　　能く神出にして鬼没を為す。

造物與人多慳吝　造物人に与ふ　まさに慳吝、
喜妨好事教易失　喜びて好事を妨げ失い易からしむ。
人之在世尙乘傳　人の世に在る　猶ほ乗伝のごとし、
豈容終身窮如蝨　あになんぞ終身窮すること蝨のごとし。
所以古來曠達士　ゆえに古来　曠達の士、
敗禮踰度不可律　敗禮踰度　律すべからず。
或日我頭寧可斷　或ひは曰く　我が頭寧ろ断つべし、
看看忍斷杯中物　看看杯中の物を断つを忍ばんよりはと。
或曰盍秉燭夜游　或いは曰く　なんぞ燭を秉りて夜游ばざる、
飛觴坐花又醉月　觴を飛ばし花に坐し　また月に酔はんと。」
我亦年來輕浮訾　我も亦年来　軽浮の訾りあり、
宛如東風射馬耳　宛も東風の馬耳を射るがごとし。
軒冕爵祿視腐鼠　軒冕爵禄　腐鼠と視、
官情物欲淡似水　官情物欲　淡きこと水に似たり。
消磨未盡抵風情　消磨未だ尽きず　風情に抵（あ）つ、
當顧四時見紅紫　当に四時を顧みて紅紫を見るべし。
譬之好飲者耽麴糵　之を譬ふれば　好飲者の麹糵に耽り、

好色者慕蛟美
昨夜雨浴玉樹枝
今朝風梳垂柳絲
雨止風軟春如海
詠之觴之莫不宜
柳陰昵喃双紫燕
花影宛轉兩黃鸝
對此高興勃如起
相思相憶説向誰
獨坐沈吟頻撚髭
忽懷君來近在茲
一紙十行修竹簡
可附懶奴附痴兒
掃我書几鋪青氈
撥我家釀洗瓊巵
韓愈已雲龍願遂
杜甫曷落月照疑

好色者の蛟美を慕うがごとし。
昨夜　雨は浴す　玉樹の枝、
今朝　風は梳る　垂柳の糸。
雨止み風軟らぎ春は海のごとく、
之を詠ひ之を觴すれば宜しからざるなし。
柳陰　昵喃　双紫燕、
花影　宛転　両黄鸝。
此に対すれば高興勃として起こるが如く、
相思草憶　誰に向かってか説かん。
独坐沈吟し頻りに髭を撚る、
忽ち懐ふ君来たりて近くここに在るを。
一紙十行　竹簡に修め、
懶奴に附すべきを痴児に附す。
我が書几を掃ひて青氈を舗き、
我が家の醸を撥ねて瓊巵を洗ふ。
韓愈已に雲龍の願ひを遂げ、
杜甫曷んぞ落月の照るに疑ふ。

酒殘鳥去晩風悲　酒残　鳥去りて　晩風悲しく、
風化如雪飛益奇　風化雪の如く　飛びてますます奇なり。
是日是時不共醉　是の日　是の時　共に酔はざれば、
阮宣李白抵死嗤　阮宣李白　死に抵るまで嗤はん。
人生憂多歡樂少　人生憂ひ多く歓楽少なし。
如此好會莫失時　かくの如き好会　時を失うことなかれ。
明日有花兼有酒　明日花有り兼ねて酒有り、
君來百回我不辭　君来たること百回なりとも我は辞せず。」

七言古詩。全四六句。換韻格。

【押韻】
①（1～14句）。日、疾、沒、失、蝨、律、物、月（没と月は入聲月韻。物は入聲物韻。他は入聲質韻。三者通韻）。
②（15～22句）。訾、耳、水、紫、美（上聲紙韻）。
③（23～46句）。枝、絲、宜、鸝、誰、茲、兒、巵、疑、奇、嗤、時、辭（平聲支韻）。

【題意】花見の季節に友人を招いて酒を飲み、酔っぱらいの歌一篇を作る。

【通釈】

人の一生は百年、おおまかにいえば三万日のことである。
数えてみれば多いといえるが、過ぎ去るのは極めて早い。
病気の苦しみと災害、幸いと不幸なできごとは、
鬼神のようにたちまち現れ、たちまち消え去るのがつねである。
造物主が人間に与えるのは、実にしみったれたやり方で、
このへんで、喜びごとを妨げて、それを失わせてしまう。
人がこの世に生きている間は、はやい駅継ぎ馬車に乗っているように、どんどん時は経って行く。
どうして、一生しらみのように、かくれひそんで過ごすことがあろうか。
それゆえ、昔から、物事にこだわらぬ人達は、
礼儀にもとり、節度をこえたふるまいにおよんだこともある。それらを一定の基準で判断してはならない。
或る人はいう、むしろ私の首を断ち切ってくれ、
だんだんと飲酒を断つような我慢をするよりは、と。
また、或る人はいう、どうして夜通し灯をともして遊ばないのか、
さかずきをやりとりしながら、花を賞で、月を眺めて酔う遊びを、と。
私もまた、かねてから、うわついた性格が欠点で、
まるで、馬の耳に念仏と、全然気にかけないのは、

身分の高さや俸給の多いこと、それらは腐ったねずみと同じこと、
また、役人になりたい心とか、物に対する執着がないので心は水のように淡白である。
そうかといって、すべての感情がすり減ってしまったわけでなく、自然の美しさにふれるのを楽しみとして、
四季それぞれ、色とりどりの花をたずねて観賞している。
これをたとえれば、酒好きの者が酒を飲み過ごし、
女たらしが、この世のものとも思われぬ美女に思いを寄せるようなもの。
昨夜は、雨が美しい樹の枝をきれいに洗い、
今朝は、風がしだれ柳の枝にくしを入れた。
雨がやみ、風がおだやかになった今は、春は、あたり一面に広々とひろがっている。
これについて詩をうたい、これをさかなに酒を飲むのは、何と時宜にかなったことではないか。
柳のかげで、二羽のつばめがさえずり、
花の間では、二羽のうぐいすが飛びまわっている。
これらと向かい合っていると、急に高尚な気分が湧いてきて、
お互いの心の思いを話し合える友はいないかと、
独り坐って思いをこらして、しきりと口ひげをひねっているうちに、
ふと君が最近近所に来ていることを思い出した。
一枚の紙に十行ばかりの手紙を書いて、

下男にことずけるべきところを、手近かにいる子どもにことづけて（君をお招きした次第である。）
机を掃除し、青色の敷物をしきのべ、
我が家の酒がめをひらき、さかずきを洗って君を迎えた。
昔すでに、韓愈は友と気持が感応し合い、
杜甫は、西に傾いた月が、友人李白の顔を照らしているかと疑った。
（そうした交際にあやかって君と酒を飲み交わした。）酒席は終わり、鳥は飛び去り、夕暮れの風は悲しい。
風に散る花は、雪の降るように飛んで、いよいよみごとである。
この日、この時、一緒に酔わなかったならば、
阮宣や李白は、死ぬほどあざけり笑うことだろう。
人生には憂いが多く、たのしみは少ない、
このような快い会合は、しおどきを失ってはならない。
明日も花があり、酒もまだある。
君が何回でも訪ねてくれるなら、私はよろこんでお相手をしよう。

【語釈】
○花時―春。いろいろの花の咲く季節。特に、さくらの花の咲くころ。○酔歌―酒に酔って作った歌。○一章―詩や歌の一編。○算（かぞえる）―数をかぞえる。○來―語末につける助字。○疾（はやい）―早い。○吉凶―幸いと災

い。婚礼と葬礼。○變—非常のできごと。○神出鬼沒—鬼神のようにたちまち現れてたちまちかくれる。○造物（ぞうぶつ）—造物主の略。万物を創造する神。○多（まさに）—本当に。○慳吝（けんりん）—しみったれ。○好事（こうじ）—喜びごと。○敎（しむ）—…をして…させる。○乘傳（じょうでん）—四頭だての駅継ぎの馬車。はやい順に、置伝、駅伝、乗伝という。転じて、駅継ぎの馬車に乗ること。○豈容（あになんぞ）—反語の意を表す助字。○終身—一生涯。○窮（きゅう）—動きがとれぬ。○蝨（しらみ）—哺乳類の血を吸う寄生虫の一種。○所以—それゆえ。○曠達（こうたつ）—心が広くて物事にこだわらない。○敗禮（はいれい）—礼儀にそむいた行い。○踰度（ゆたく）—節度をこえる。○律—一定の基準ではかる。○頭（こうべ）—あたま。○看看（かんかん）—だんだん。○盍（なんぞ…ざる）—どうして…しないのか。○秉燭夜游（しょくをとりてよるあそぶ）—ともしびをともして夜遊ぶ。古詩一九首の第一五首「生年百に満たず」の詩の中に「昼短くして夜の長きに苦しむ、何ぞ燭を秉りて遊ばざる。」の句がある。○飛（とばす）—速く走る。○觴（しょう）—さかずき。○年來—数年このかた。○輕浮（けいふ）—うわすべり。○訾（そしり）—欠点。○宛（あたかも）—まるで。○東風射馬耳（とうふうばじをいる）—何とも感じないこと。馬の耳に念仏。李白「王十二寒夜独酌懐い有りの詩に答ふ」に、「世人之れを聞けば皆頭を掉ぐも、東風馬耳を射る如し」の句がある。○軒冕（けんべん）—軒は大夫以上の人の乗用車。冕は貴人のかんむり。転じて、身分の高い人。○爵祿（しゃくろく）—位と俸給。○腐鼠（ふそ）—腐ったネズミ。くだらぬ物のたとえ。「荘子」秋水、に出る。○官情（かんじょう）—役人になりたいと望む心。○物欲（ぶつよく）—金銭、飲食、女色などの関する欲望。○消磨（しょうま）—すりへらす。○風情（ふうじょう）—自然の美しいおもむき。○抵（あてる）—ふれる。○当（まさに…べし）—当然…である。○顧（かえりみる）—たずねる。○四時—一年の四季。○紅紫（こうし）—いろいろの花の色。○譬（たとえる）—ほかの似ているものを借りて説明する。○耽（ふける）—度をこして楽しむ。○麹蘗（きくげつ）—酒。○蛟美（こうび）—桀の女官に、時折竜と化す美女がいたという説話をふまえるか。蛟は竜の雌。○浴（よく）—水や湯でからだをあらう。○玉樹（ぎょくじゅ）—①美しい木。②えんじゅの別名。○梳（くしけずる）—くしで髪をすく。○垂柳（すいりゅう）—しだれやなぎ。○軟（やわらぐ）—おだやかになる。○海—広く大きい。○咏（うたう）—詠の俗字。○觴（さかずきする）—酒をすすめる。○宜（よろしい）—ただしい。○呢喃（じなん）—つばめのさえずり。○宛轉（えんてん）—ゆるやかに舞うさま。○黄鸝（こうり）—ちょうせんうぐいす。○高興（こうきょう）—高くすぐれたおもむき。○勃（ぼつ）—急に。○沈吟（ちんぎん）—思いをひそめ、じゅうぶんに検討する。○撚（ひねる）—指先でひねる。○髭（ひげ）—くちひげ。○忽（たちまち）—にわかに。○茲—此と同じ意味。○竹簡（ちくかん）—竹の札。竹を細長く削って作った札で、昔、これを韋（なめしがわ）で編んで巻物とし、文字を書きつけ、後世の紙のように用いた。○脩（おさめる）—ととのえる。○附（ふ）—わたす。○懶奴（らんど）—怠け者の下男。○痴兒（ちじ）—おろかな子ども。○書几（しょき）—つくえ。○鋪（しく）—敷きのべる。○青氈（せいせん）—青色の毛氈。毛氈は、毛と綿糸をまじえて織り圧縮した織物。敷物にする。○撥（はねる）—ひらく。○醸（じょう）—醸甕のこと。酒をつくるかめ。さかがめ。○瓊巵（けいし）—玉でつくったさかずき。○韓愈—前出（七八番作品の語釈、人名欄を参照）。○雲龍（うんりゅう）—雲従竜ともいう。気質を同じくする者は互いに引きあうこと。すぐれた君主が出ると、すぐれた臣下が出てこれを助けることのたとえ。しかし、本詩で具体的に何を指すかは未詳。○落月照疑—杜甫の「李白を夢む」の詩に、「落月は屋梁に満ち、猶お顔色を照らすかと疑ふ」の句がある。○酒殘（しゅざん）—宴会の終わり。○風花（ふうか）—風に散る花。○益（ますます）—いよいよ。○奇—すぐれる。

○阮宣（げんせん）―晋の阮脩の字。阮咸のおいである。酒が好きで歩行するとき、常に百銭を杖頭にかけておいて、酒店があれば飲酒にふけったという。○抵（あたる）―いたる。○好會（こうかい）―よしみを結ぶ会合。○辭（じ）―ことわる。

【人名】

○杜甫―（七一二～七七〇）。盛唐の詩人。字は子美。襄陽（今の湖北省内）の人。長安郊外の杜陵（漢の宣帝の陵）・少陵（許后の陵）の西に住み、杜陵の布衣（一庶民）・少陵の野老（田舎の老人）と称した。玄宗の時、蜀の節度使の厳武に用いられて検校工部員外郎となったので、杜工部と呼ばれる。四四歳の時に安禄山の乱にあって各地に放浪し、乱の平定後　成都に移り住んだ。代宗の大暦五年、五九歳で耒陽（今の湖南省内）で死んだ。若いときから、政治と社会に深い関心を持ち、時世を痛嘆し、現実を描写し、一五〇〇首余りの作品を残した。李白と共に唐代を代表する詩人として李杜と併称される。李白が天才肌であるのに対し、杜甫は努力型であり、叙事詩に長じている。詩聖と称される。

詩は「李絶杜律」といわれ、李白は絶句、杜甫は律詩にすぐれている。その詩文を集めたものに『杜工部集』二〇巻がある。

○李白―（七〇一～七六二）。盛唐の大詩人。字は太白（母が太白星〈金星〉を夢みて生んだので、名を白、字を太白としたという）。青蓮居士と号した。蜀（今の四川省）の人。若いころは、諸国を遊歴していたが、四二歳の時、才能を認められて宮中に入り、玄宗のそば近く仕えた。しかし、酒好きで、豪放で奔放な振る舞いが多かったので、二年ほどで宮廷を追われた。杜甫と交わり、共に旅をしたのもこの頃である。詩仙と称され酒仙ともいわれる。酒を好んだので、舟で酒に酔い水面に映る月をとろうとして水死したと伝えられる。

【考察】

第一段（一〜四句）

人の一生は、百年、三万日。長いようであるが、どんどん時は経ってゆく。どうして、一生しらみにように、隠れ潜んで過ごすことがあろうか。それゆえに、何故に時を惜しんで遊ばぬかと考える人もある。

第二段（一五〜二二句）

私は身分の高さや俸給の多いことに興味がない。地位とか物に対する執着も薄い。ただ四季それぞれの色とりどりの花を尋ねて観賞している。

第三段（二三〜四六句）

春景色を前にして、詩をうたい、酒を飲みたいと思う。友と逢いたくなり、子供に手紙をことずける。机を清め、敷物を延べ、酒瓶を開き、杯を洗って君を迎える。

この詩は、二六歳、安政六年（一八五九）の作品である。花は桜花であろう。

酔歌と言うだけあって楽しい作品である。しかし、友を求めるのは、心の底に寂しさがあるからである。

韓愈のことは、三七句に見える。雲竜とは雲従竜ともいう。気質を同じくする者は互いに引き合うこと。すぐれた君主が出ると、すぐれた臣下が出てこれを助ける事の例えである。

三八句は大詩人の杜甫のことである。この句の「落月照疑」は、杜甫の「李白を夢む」の詩の「落月は屋梁に満ち、なお顔色を照らすかと疑う」の句を出典としていると思う。

ここでは友人のことを言うために引用しているが、左内の気持では、雲竜は君主と臣下の例えとして引用していると思う。そして、ここでも憲宗（や穆宗ら）と韓愈、藩主松平慶永と左内とを対比的に意識していると思われる。左内としては、自分はすぐれた君主に仕える、すぐれた臣下であるという自負があったと思われる。

【余説】

酔歌というだけあって、奔放な詠い方で、楽しい作品である。

三〇句、「説向誰」を「誰に向かってか説かん」と読んだが、向を前置詞用法として「誰にか説かん」と読むこともできよう。

観九頭龍川圖　有懐昔遊　（三三三番）

九頭竜川の図を観る。昔遊を懐ふ有り。

九龍蜿蜒降自天　九竜蜿蜒として天より降り、
纒繞白岳吐巉涎　白岳を纒繞し巉涎を吐く。
涎沫蔓衍巨麓下　涎沫蔓衍す　巨麓の下、
下抵平地成奔川　下りて平地に抵り奔川と成る。

川流瀠洄隨山勢　川流瀠洄し山勢に随い、
起伏開闔妙斡旋　起伏開闔斡旋を妙にす。
有時駭浪衝蒼巖　時有りて　駭浪は蒼巌を衝き、
碎爲十里迷濛煙　砕けて為る　十里迷濛の烟。
有時急湍爲淺灘　時有りて　急湍は浅灘となり、
金鱗閃閃十丈連　金鱗閃閃たり十丈の連。」
越城四月花盡落　越城の四月　花尽く落ち、
落入水流香魚躍　落ちて水流に入り香魚躍る。
城中士女娯釣游　城中の士女釣游を娯しみ、
綺羅紅塵漲寥廓　綺羅紅塵　寥廓に漲る。」
君不見山靈川眞好靜專　君見ずや　山霊川真は静専を好むを
詎堪俗子日喧闐　詎んぞ堪えん　俗子日（ひび）の喧闐に。
大聲一喝撼坤軸　大声一喝　坤軸撼がし、
一鞭打醒懶龍眠　一鞭打いて醒ます　懶龍の眠り。
深山大澤凄風晦　深山大沢　凄風晦く、
紫霄天門怪雲擅　紫霄の天門　怪雲擅し。
雷公鳴鼓憑夷舞　雷公鼓を鳴らし憑夷舞ひ、

凍雨澒洞如翻泉
是時我方投釣竿
依樓呼杯洩幽隱
茫々八極小於掌
螟蛉蜾蠃胡紛々
元龍倏動湖海氣
昌黎欲直騎蒼麟
丈夫意氣應如是
肯倣寒乞悲酸辛
須臾爽然天威霽
神龍歸湫山見髻
萬壑翠風驅濕霧
白鷗浩蕩沒波際
嗟我自誤役簿書
此境縹渺夢將無
何異鷙鳥閉樊籠
試振修翼觸四隅

凍雨澒洞として翻泉の如し。」
是の時我まさに釣竿を投げんとし、
楼に依り杯を呼びて幽隠を洩らす。
茫々たる八極　掌より小さく、
螟蛉蜾蠃なんぞ紛々たる。」
元龍たちまち動かす　湖海の気、
昌黎直ちに蒼麟に騎らんと欲す。
丈夫の意気　応に是くの如くあるべし、
肯えて倣ふ　寒乞悲酸の辛。」
須臾にして爽然　天威霽れ、
神竜湫に帰り山髻を見はす。
萬壑　翠風　濕霧を駆り、
白鴎浩蕩として波際に没す。」
ああ我みずから誤りて簿書を役とし、
この境縹渺として夢将に無からんとす。
何んぞ異ならん　鷙鳥の樊籠に閉ざさるるに、
試みに修翼を振るひ　四隅に触れん。

嗚呼九龍之游何日復　ああ九竜の游　何れの日にか復（ふたたび）せん
披圖巻圖發長吁　図を披き図を巻きて長吁を発す。」

七言古詩。全四〇句。換韻格。

【押韻】
①（一～一〇句）天、涎、川、旋、烟、連（平聲先韻）。
②（一一～一四句）落、躍、廓（入聲藥韻）。
③（一五～二二句）專、闐、眠、羶、泉（平聲先韻）
④（二三～二六句）竿、隱、粉（竿は上聲旱韻。他は吻韻。両者は通韻する）。
⑤（二七～三〇句）麟、辛（平聲眞韻）。
⑥（三一～三四句）霽、髻、際（去聲霽韻）。
⑦（三五～四〇句）書、無、隅、吁（書は平聲魚韻、他は平聲虞韻、両者は通韻する）。

【題意】九頭竜川の画を見る。昔遊んだ時のことを思い出す。

【通釈】
九頭竜川の流れは、うねうねと竜が天から降りて来たようで、
白山をめぐって、よだれをたらす、

よだれは大きな山のふもとにひろがり、
流れ下って、平地に至れば速い川となる。
川の流れは、土地の形勢によって、
盛んになったり衰えたり、広がったり狭くなったりしながらたくみにめぐっている。
ある時は、はげしい波が年古りた大岩につきあたり、
砕け散って、あたり一面うすぐらい位の霧となる。
ある時は、急流が浅瀬を走り、
大きな魚の鱗がきらきらとひらめき長く連なる。
陰暦四月の福井の町では、桜の花はすべて散り、
花びらの落ちた流れに、鮎がおどる。
福井の人々は、釣りを楽しみ、
美しい着物とにぎやかなざわめきが、広々とした場所に満ちあふれる。
君達よ、知らないのか。山の神や川の主は、もっぱら静けさを愛好しているのを。
彼等がどうして世俗の人々の騒々しさに耐えられようか。
突然、大きな音が地軸をゆるがせ、
なまけた竜の眠りを鞭を打って目覚めさせた。
深山の大きな沼は、すさまじい風が吹いて暗くなり、

紫の空の天帝の住むあたりは、あやしげな雲にけがされている。
かみなりが太鼓を打ち鳴らし、川の神が舞って浪がわき立つ。
にわか雨が降り注いでさかまく滝のようである。
その時、私は釣りざおを投げすて、
高殿のてすりによりかかり、酒杯をあげて世を避けてかくれ住む憂いをはらした。
広々とした地の果ても、見方によっては手のひらよりも小さく、
青虫やじがばちの入り乱れてる世の中はなんとごたごたしていることよ。
大きな竜がにわかに湖と川の様子を一変させてしまった。
韓愈は真っ直ぐであろうとして、年とった大鹿に乗っていたというが、
立派な男子の心意気は、当然そのようでありたいものだ。
すすんで、貧しい乞食を見ならって、痛ましい苦しみを味わおう。
しばらくして、さわやかに空が晴れ、
力を振るった竜も池に帰り、山は頂をあらわした。
すべての谷では、みどりの風が、しめっぽい霧をおいはらい、
白い鳥がのんびりと波間に浮き沈みしている。
ああ、私はあやまって役所の文書を扱うことを職務としてしまい、
このような自然ののどかさを夢みることもなくなってしまいそうである。

あのあらあらしい鷹が鳥籠に閉じこめられたのと、そっくりである。、
こころみに、長い翼をもって四方をとびまわりたいものだ。
ああ、九頭竜川への行楽は、いつの日にか再び実現するであろうか、
画をひらいて見、画を閉じては、深いなげきのため息をつくばかりである。

【語釈】

○九龍―九頭竜川。○蜿蜒（えんえん）―うねうねと屈曲しているさま。○纏繞（てんじょう）―まといめぐる。○白嶽―白山。○饞涎（さんぜん）―食物のことを考えて流すよだれ。○涎沫（せんまつ）―よだれ。○蔓衍（まんえん）―のびひろがる。○巨麓（きょろく）―偉大な山のふもと。○抵（いたる）―至る。○奔川（ほんせん）―速い流れ。○瀠洄（えいかい）―水がめぐり流れるさま。○起伏―さかんになったりおとろえたりする。○開闔（かいこう）―開くこととじること。○斡旋（あっせん）―めぐる。○駭浪（がいろう）―はげしい浪。○蒼巖―年古りた岩。○十里―一里は三九二七メートル。一〇里は約四〇キロメートル。○迷濛（めいもう）―うす暗いさま。ぼんやりとしたさま。○急湍（きゅうたん）―速い流れ。○淺灘（せんたん）―はやせ。水が浅くて流れが急なところ。○金鱗―こがね色の鱗。○閃閃（せんせん）―ぴかぴかする。○十丈―丈は長さの単位。約三〇・三メートル。十丈は三〇三メートル。○越城―福井城。福井の町。○香魚―あゆ。○綺羅（きら）―美しい着物。またそれを着た人。○紅塵（こうじん）―日光に照らされて赤く見える土ぼこり。○張（みなぎる）―物事が満ちあふれる。○寥廓（りょうかく）―からりとして広い。○山靈―山の神。○川眞―川の本性。○靜專（せいせん）―もっぱら静かである。○詎（なん

ぞ）―反語の助字。○喧闐（けんてん）―そうぞうしくてごたごたしている。○撼（ゆるがす）―ゆれうごかす。○坤軸（こんじく）―大地をささえていると想像される軸。○凄風（せいふう）―すさまじく寒い風。○紫霄（ししょう）―むらさきの空。○天門―紫微宮（天帝のいる星の名）の門。○擅（なまぐさい）―けがわらしい。○皷（こ）―たいこ。○皷は鼓の俗字。○憑夷（ひょうい）―川の神の名。○涷雨（とうう）―にわか雨。○澒洞（こうどう）―あい連なるさま。○翻泉（ほんせん）―さかまく滝。○釣竿（ちょうかん）―つりざお。○洩（のびる）―心がのびのびする。○幽隠―世を避けてかくれ住む。○茫々（ぼうぼう）―ひろびろとして果てしないさま。○八極―八方の最も遠い土地。○於（より）―よりも。比較を表わす。○螟蛉（めいれい）―あおむし。○蜾蠃（から）―じがばち。蜾蠃があおむしを取り運んで自分の子のえさにするのを、むかしの人は、その幼虫を自分の子として育てると思った。○胡（なんぞ）―疑問の助字。○紛々（ふんぷん）―まじりみだれるさま。○元龍（げんりゅう）―大きな竜。○倏（たちまち）―にわか。○昌黎―韓愈。前出。○蒼麟（そうりん）―年とった大鹿。○肯（あえて）―心から進んで。○寒乞（かんきつ）―まずしいこじき。○悲酸―悲しくいたましい。○辛（しん）―くるしみ。○須臾（しゅゆ）―しばらく。○爽然（そうぜん）―さわやかなさま。○天威（てんい）―天帝の威力。○霽（はれる）―怒りがとける。○湫（しゅう）―いけ。○髻（もとどり）―たぶさ。髪を頭上でたばねたところ。○萬壑（ばんがく）―すべての谷。○驅（かる）―おいはらう。○浩蕩（こうとう）―志のほしいままなさま。○沒―もぐる。○簿書（ぼしょ）―役所の公文書。○縹渺（ひょうびょう）―ぼんやりしていてかすかなさま。○鷙鳥（しちょう）―あらあらしい鳥。たか、はやぶさの類。○樊籠（はんろう）―鳥獣を入れるおりやかご。○修翼（しゅうよく）―長いつばさ。○長吁（ちょうく）―深いなげきの声。

【考察】

○換韻箇所は七つであるが、内容によって三段に分けられる。

已に口語訳は記したが、ここで、要点を記し作品の中に流れる左内の心情に迫ってみたいと思う。

第一段、①九頭竜川の源から流れ下るさまを詠う。②四月、桜花の散った流れに鮎が躍り、釣りを楽しむ男女が満ち溢れる。

第二段、③山の神や川の主が騒がしいのを嫌われると、竜の眠りを覚まし、深山の大きな沼に風が吹き、雷鳴が轟き、波が立ち、にわか雨が降り注ぐ。④私は釣り竿を捨て、高殿の手摺りによって、祝杯をあげて隠れ住む憂いを晴らす。世の中のなんとごたごたしている事よ。

⑤に韓愈のことがでてくる。以下は末尾までの大意をあげる。

⑤大きな竜が、にわかに湖と川の様子を一変させてしまった。

韓愈は年をとった大鹿にただちに乗ろうとしたという。

立派な男子の心意気は、当然そのようでありたいものだ。

すすんで、貧しい乞食を見ならって、痛ましい苦しみを味わおう。

第三段、⑥しばらくして、爽やかに空が晴れ、

力をふるった竜も池に帰り、山は頂を現した。

全ての谷では、緑の風が、湿っぽい霧を追い払い、

白い鳥がのんびりと波間に浮き沈みしている。
⑦ああ、私は誤って役所の文章を扱うことを職務としてしまい、
このような自然ののどかさを夢見ることもなくなってしまいそうである。
あの荒々しい鷹が鳥籠に閉じ込められたのと、そっくりである。
試みに、長い翼をもって、四方を飛び回りたいものだ。
ああ、九頭竜川への行楽は、いつの日に再び実現するのであろうか。
画を開いて見、また画を閉じては、深い歎きの、溜息をつくばかりである。

【考察】

この詩も二六歳、安政六年（一八五九）の作品である。

九頭竜川は、越美山地の岐阜県境油坂（福井県大野市和泉地区）付近に源を発し、坂井市三国町で、日本海に注ぐ福井県内最大の河川。流路延長一一六キロメートル。川の名前の由来は一説に古名崩河（くずれかわ）の転かというが、詳細不明。(7)

伝説に上流の湖に眠る竜が暴れ下ったからだという。それゆえにこの詩に竜が詠われるのである。

⑤に作者左内の心情が表れている。二八句の韓愈の「直騎蒼麟」は、いま出典を審らかに出来ない。しかし、韓愈を丈夫と見ていることが次の二九句によって判る。

⑦にも作者左内の願いが出ている。特に三七句・三八句は、幽囚の苦しみを詠っていて哀れでさえある。

九頭竜川に代表される郷里の風景は、三九・四〇句に言うとおり、もう二度と見ることは出来まいというのが左内

の実感であった。

再び目にすることが期し難い九頭竜川に代表される郷里の風景を忍ぶ作者の気持ちがひしひしと伝わってくる。

論文　二首（其之一）（三七五番）

文を論ず　二首（その一）

狐精化處女　　狐精　処女と化し
羊質蒙虎皮　　羊質　虎皮を蒙ふも
秦鏡一照下　　秦鏡　一照の下
妖魅無所施　　妖魅　施す所無し
古文多妙詣　　古文　妙詣多きは
本由性情奇　　本より性情の奇なるに由る
孫武傳兵法　　孫武　兵法を伝へ
孟軻憂道衰　　孟軻　道の衰ふるを憂ふ
囚秦韓非憤　　秦に囚へられて韓非憤り
慮漢賈誼悲　　漢を慮って賈誼悲しむ
悶爲龍門史　　悶えては竜門の史と為り

傷爲河梁詩　傷みでは河梁の詩を為る
滿胸蓬勃氣　満胸　蓬勃の気
棖觸不自持　棖触　自ら持せず
其人既千古　其の人　既に千古
筆路亦横馳　筆路　亦た横馳す
雖時有好尙　時に好尚有りと雖も
竟能無窮垂　竟に能く窮に垂るる無し
腐儒暗達理　腐儒　達理に暗く
兀兀撚寒髭　兀兀として寒髭を撚る
咿嚘檢故紙　咿嚘して故紙を検し
修飾喜自欺　修飾して喜んで自ら欺く
心手勞掠摹　心手　掠摹を労し
浩氣傀焉飢　浩気傀として焉に飢う
瓶花不耐輝　瓶花　輝きに耐えず
香色俄頃萎　香色　俄頃に萎ゆ
綴綿非不繡　綿を綴りて繡せざるに非るも
其奈針縫疵　其れ針縫の疵をいかんせん

楊雄摹六經　楊雄　六経を摹するも
不免優孟嗤　優孟の嗤ひを免れず
王通擬論語　王通　論語に擬するも
竟蒙王莽訾　竟に王莽の訾りを蒙る
頼此謀不朽　此に頼りて不朽を謀るよりは
寧非狂而癡　むしろ狂にして痴たらん
卓夫昌黎翁　卓夫　昌黎翁
後起談笑麾　後起　談笑に麾して
陳言務是去　陳言をば務めて是れ去り
一語乃吾師　一語　乃ち吾が師なり

五言古詩。全三八句。一韻到底格

【押韻】

皮、施、奇、衰、悲、詩、持、馳、垂、髭、欺、飢、萎、疵、嗤、訾、癡、麾、師、（平聲支韻）。

【通釈】

文章について論ずる　二首（その一）

狐のもののけが若い女に化けたり、
実質の伴なわない者が外面だけ立派にしても、
秦の始皇帝が用いたという鏡で一度映してみれば、
妖怪も何もなすすべがない。
古文が秀れた境地に到達しているのは、
本来、作者の気だてが優れているからである。
（それら秀れた文の例を挙げれば、）孫武が兵法を伝えた文章や、
孟子が道義が衰えたことを憂えて作った文章がある。
秦に囚えられた韓非は憤って文を書いたのであり、
漢の前途を思って賈誼は悲しい気持ちで文を著した。
自分の運命を悶える気持が司馬遷の史記となり、
友との別れを痛んで李陵は河梁の詩を作ったのである。
それらは、胸一杯にふつふつと湧いて来る感情が、
物にふれて自然と持ちこたえられなくなり詩文となったものである。
しかし、それらの人達のことは、もはや古い昔の話、
今や文章の進路は、気ままほうだいになってしまっている。
時折尊重すべきものが無いわけではないが、

結局のところ、末代まで伝わるに値するものは無い。
役に立たぬ学者は、物事の道理をよく見抜くことが出来ず、
じっと動かずに、口ひげをひねっている。
ぶつぶつつぶやきながら、書きよごしの紙を調らべ、
少し飾り立てて、喜んで自分自身を満足させている。
心も手も、模倣して奪いとることに努めていて、
浩然の気は、散り散りばらばらで乏しくなってしまっている。
それは、瓶に挿した花が、太陽の輝きに耐えられずに、
色も香りも、たちまちのうちにしなびれてしまうようなものである。
衣服をつくろって、ぬいとりをしないわけでないが、
その針で縫った後の欠点だらけなのはどうしようもない。
楊雄は、六つの経典をまねた書物を著したが、
それが内容を伴っていないとのあざけりは免かれなかった。
王通は、論語をまねた書物を著したが、
結局は王莽から悪口をいわれた。
以上の例によって、私の願うことは、徒らに末代まで伝わることを心掛けるのでなく、
むしろ、周りから気狂いでおろかな人物といわれることである。

35　秀れた人物である韓愈翁は、
後の世に生れながら、日常談笑の間にも指導されて、
陳腐な言葉をつとめて除くようにされた。
38　その一語一語が私にとって手本となる。

【語釈】

○狐精（こせい）——きつねのばけもの。きつねのもののけ。○羊質虎皮——中身が羊で外皮は虎。外面が立派で実質のないこと。見かけだおし。○蒙（おおう）——おおいかくす。○秦鏡（しんきょう）——秦の始皇が人の善悪邪正、病の有無を照した鏡。巾四尺、高さ五尺九寸、四角の鏡［西京雑記、三］○妖魅（ようみ）——あやしいばけもの。妖怪。○施（ほどこす）——おこなう。○妙詣（みょうけい）——すぐれた到達点。○孫武（そんぶ）——春秋時代の兵法家。呉王闔閭に仕え戦功を立てた。兵法書「孫子」一三篇はその著といわれる。○孟軻（もうか）——前出。一九頁参照。本詩の第八句で「孟子が（仁義）の道の衰えたのを憂えた」というのは、公孫丑章句下13、尽心章句下38の二箇所に見える。聖王出現興替の五百年周期説を述べた部分をさすのであろう。後者の「尽心章句下38」の文を掲げる

38 孟子曰、由堯・舜至於湯、五百有餘歳。若禹・皐陶、則見而知之、若湯、則聞而知之。由湯至文王、五百有餘歳。若伊尹・萊朱、則見而知之、若文王、則聞而知之。由文王至於孔子、五百有餘歳。若太公望・散宜生、則見而

知之、若孔子、則聞而知之。由孔子而來、至於今、百有餘歲、去聖人之世、若此其未遠也。近聖人之居、若此其甚也。然而無有乎爾、則亦無有乎爾。

孟子《まうし》曰《いは》く、堯《げう》・舜《しゆん》より湯《たう》に至《いた》るまで、五百有餘歲《ごひやくいうよさい》。禹《う》・皐陶《かうえう》の若《ごと》きは、則《すなは》ち見《み》て之《これ》を知《し》り、湯《たう》の若《ごと》きは、則《すなは》ち聞《き》きて之《これ》を知《し》る。湯《たう》より文王《ぶんわう》に至《いた》るまで、五百有餘歲《ごひやくいうよさい》。伊尹《いゐん》・萊朱《らいしゆ》の若《ごと》きは、則《すなは》ち見《み》て之《これ》を知《し》り、文王《ぶんわう》の若《ごと》きは、則《すなは》ち聞《き》きて之《これ》を知《し》る。文王《ぶんわう》より孔子《こうし》に至《いた》るまで、五百有餘歲《ごひやくいうよさい》。太公望《たいこうばう》・散宜生《さんぎせい》の若《ごと》きは、則《すなは》ち見《み》て之《これ》を知《し》り、孔子《こうし》の若《ごと》きは、則《すなは》ち聞《き》きて之《これ》を知《し》る。孔子《こうし》より而來《このかた》、今《いま》に至《いた》るまで、百有餘歲《ひやくいうよさい》。聖人《せいじん》の世《よ》を去《さ》ること、此《かく》の若《ごと》く其《そ》れ未《いま》だ遠《とほ》からざるなり。聖人《せいじん》の居《きよ》に近《ちか》きこと、此《かく》の若《ごと》く其《そ》れ甚《はなは》だしきなり。然《しか》り而《しか》して有《あ》ること無《な》しとせば、則《すなは》ち亦《また》有《あ》ること無《な》からん、と。

『孟子』内野熊一郎著　新釈漢文大系　明治書院　昭和四二年六月刊　五一二～五一三頁。

○韓非（かんぴ）――（前二八〇？～前二三三）戦国時代の韓の貴族。秦の李斯とともに荀卿に学び、法家思想を大成した。のち秦に使いして始皇帝に認められたが、李斯の反感に会い自殺させられた（『史記』の説）。○慮（おもんぱかる）――さきざきを思いめぐらす。○賈誼（かぎ）――（前二〇〇～前一六八）前漢の文人。洛陽の人。賦や文章にすぐれ、「鵩鳥賦」「弔屈原賦」「過秦論」（『文選』所収）などのほか著書に『新書』五六巻がある。○悶（もだえる）――思いなやむ。○竜門（りゅうもん）――漢の司馬遷（前一四五～前八六以前）が竜門出身なのでいう。前漢の歴史家。友人李陵が匈奴に降ったのを弁護して宮刑に処され、発憤して『史記』百三十巻を著した。○傷（いたむ）

――かなしむ。○河梁詩（かりょうのし）――漢の蘇武（前一四二～前六〇）が匈奴を去るとき親友の李陵（前?～前七四）が作った詩三首（『文選』巻二九所収）。○蓬勃（ほうぼつ）――雲などがさかんにわくさま。○棖触（とうしょく）――物にふれて心に感ずる。○不自持（おのずからじせず）――自然ともちこたえられなくなる。○横馳（おうち）――ほしいままに走る（阮籍、詠懐詩）。道理に従わないで行く。○好尚（こうしょう）――好み尊ぶところ。すきこのみ。○兀兀（ごつごつ）――動かないさま。○撚（ひねる）――指先でひねる。○寒髭（かんし）――さびしい口ひげ。○咿嚘（いゆう）――言語のはっきりしないさま。○掠摹（りょうぼ）――まねて奪いとる。○浩気（こうき）――「浩然の気」のこと。天地間に充満している至大至剛の気。これが人間に宿ると何物にも屈しない道徳的勇気となる（。『孟子』公孫丑章句2に述べている）。○儳（さん）――ふぞろいなさま。○焉――ここに。○俄頃（がけい）――しばらくの間。○萎（なえる）――しなびる。○繡（ぬいとり）――布に模様や絵画をぬいつづる。○揚雄（ようゆう）――（前五三～一八）――楊雄とも書く。前漢の文人・学者・蜀の成都の人。字は子雲。文章家として名高く、はじめ司馬相如にならい「甘泉賦」「羽猟賦」「長楊賦」等（『文選』所収）を作ったが、のち『易経』にまねた独創的な占筮書である『太玄経』、儒教宣揚のため、『論語』にまねた『法言』、また、中国各地の方言を集めた『方言』などを著した。○摹（も）――まねする。○六経（りっけい・りくけい）――詩・書・礼・楽・易・春秋の六つの経書。ただし「楽経」は書物としては伝わらない。○優孟（ゆうもう）――優孟が孫叔敖の衣冠を著けたという意味で、外形だけ似てその実の異なるたとえ。似て非なるもの（『史記』優孟伝）。○嗤（わらう）――あざわらう。

○王通（おうつう）――（五八四～六一八）隋の思想家。字は仲淹。謚を大中子という。初唐の四傑の一人王勃の祖父。「載道明理之文学」を主張した。韓愈の「送陳秀才彤序」の「学所以為道、文所以為理」の語は王通の影響であるといわれる（中国文学大辞典　第二巻「王通」（吴先寧）の記事六六八頁参照。天津人民出版社　一九九一年十月第一版）。著に「文中子」十巻がある。『中説』は『論語』になぞらえた王通と弟子との問答集である。○王莽（おうもう）――（前四五～二三）。前漢末、平帝を毒殺して国をうばい、みずから帝位について国を新と号したが、在位十五年で後漢の光武帝に亡された。○訾（そしり）――悪口。○寧非（むしろ）――寧に同じ。○卓夫（たくふ）――すぐれた人。○昌黎（しょうれい）――韓愈。前出。六一頁参照。○後起（こうき）――後輩。○麾（き）――指揮。○陳言（ちんげん）――陳腐な言葉表現。

【考察】

この詩も二六歳、安政六年（一八五九）の作品である。

（一）　第三一句、三二句は時代を考えると内容が合致しない。史実としては、王莽の疑いを恐れて自殺を計ったのは揚雄であるから、三〇句と三二句が入れ替わるべきかも知れない。

（二）　陳言は、韓愈が古文復興を唱えた人であるから六朝時代流行の四六駢驪体などの文体を意識しつつ批判した言葉であると理解される。

【考察】

作者の好む文章を列挙して、文章を論じようとしている。左内の文章史であると言えそうである。ところが、内容は文章論を述べるというより、当時の儒者の文章に不満を覚えて批判しているというものである。

第一～四句、内容のない文章はすぐに化けの皮がはがれると述べる。

第五句～一四句、作者の気だての良さによって秀れている古文には、孫武、孟子、韓非、賈誼、司馬遷、李陵、らの作品がある。

第一五句～一八句、末代まで伝わるに値するものはない。

第一九～二八句、腐儒（一九句）のせいで孟子の浩然の気もなくなり、どうしようもない状態である。

第二九句～三二句、揚雄、王通らの学者の努力も報われなかった。

第三三句～三四句、上述のとから、「不朽を謀るより、寧ろ狂にして痴たらん」と思うという。

第三五句～三八句、韓愈のことばこそは私の先生である、という。

韓愈は孟子のあととだえた仁義の道に注目した。それを「原道」で述べている。一部を引用する。

曰、斯道也何道也。曰、斯吾所謂道也。非向所謂老與佛之道也。堯以是傳之舜、舜以是傳之禹、禹以是傳之湯、湯以是傳之文武周公、文武周公傳之孔子、孔子傳之孟軻。軻之死不得其傳焉。荀與揚也、擇焉而不精、語焉而不詳。由周公而上、上而爲君。故其事行。由周公而下、下而爲臣。故其説長。

曰《いは》く、斯《こ》の道《みち》は何《なん》の道《みち》ぞや。曰《いは》く、斯《これ》れ吾《わ》が所謂道《いはゆるみち》なり。向《さき》の所謂老《いはゆるらう》と佛《ぶつ》との道《みち》に非《あら》ざるなり。堯《げう》は是《これ》を以《もつ》て之《これ》を舜《しゆん》に傳《つた》へ、舜《しゆん》は是《これ》を以《もつ》て之《これ》を禹《う》に傳《つた》へ、禹《う》は是《これ》を以《もつ》て之《これ》を湯《たう》に傳《つた》へ、湯《たう》は是《これ》を以《もつ》て之《これ》を文《ぶん》・武《ぶ》・周公《しうこう》に傳《つた》へ、文《ぶん》・武《ぶ》・周公《しうこう》は之《これ》を孔子《こうし》に傳《つた》へ、孔子《こうし》は之《これ》を孟軻《まうか》に傳《つた》ふ。軻《か》の死《し》するや其《そ》の傳《でん》を得《え》ず。荀《じゆん》と揚《やう》とは、擇《えら》んで精《くは》しからず、語《かた》つて詳《つまびら》かならず。周公《しうこう》よりして上《かみ》は、上《かみ》として君爲《きみた》り。故《ゆゑ》に其《そ》の事《こと》行《おこな》はる。周公《しうこう》よりして下《しも》は、下《しも》として臣爲《しんた》り。故《ゆゑ》に其《そ》の説長《せつなが》しと。

『唐宋八大家文読本一』星川清孝著　新釈漢文大系70　明治書院　昭和五一年三月　五二頁

そして、北宋の五子等の意見を集約し体系的に述べ、仁義の道の系統をまとめているのが道統論である。朱子の『中庸章句序』に見られる。一部を引用する。

3 夫堯舜禹、天下之大聖也。以天下相傳、天下之大事也。以天下之大聖、行天下之大事、而其授受之際、丁寧告戒、不過如此、則天下之理、豈有以加於此哉。自是以來、聖聖相承、若成湯文武之爲君、皐陶伊傅周召之爲臣、既皆以此而接夫道統之傳。若吾夫子、則雖不得其位、而所以繼往聖開來學、其功反有賢於堯舜者。然當是時、見而知之者、惟顏氏曾氏之傳得其宗。

夫《そ》れ堯《げう》・舜《しゆん》・禹《う》は、天下《てんか》の大聖《だいせい》なり。天下《てんか》を以《もつ》て相傳《あひつた》ふるは、天下《てんか》の大事《だいじ》なり。天下《てんか》の大聖《だいせい》を以《もつ》て、天下《てんか》の大事《だいじ》を行《おこな》ひて、其《そ》の授受《じゆじゆ》の際《さい》、丁寧告戒《ていねいこくかい》、此《かく》の如《ごと》きに過《す》ぎざれば、則《すなは》ち天下《てんか》の理《り》、豈以《あにもつ》て此《これ》に加《くは》ふる有《あ》らんや。是自《これよ》り以《い》來《らい》、聖聖相承《せいせいあひう》け、成湯《せいたう》・文《ぶん》・武《ぶ》の君爲《きみた》る、皐陶《かうえう》・伊《い》・傅《ふ》・周《しう》・召《せう》の臣爲《しんた》る若《ごと》きは、既《すで》に皆此《みなこれ》を以《もつ》て夫《か》の道統《だいとう》の傳《でん》を接《つ》ぐ。吾《わ》が夫子《ふうし》の若《ごと》きは、則《すなは》ち其《そ》の位《くらゐ》を得《え》ずと雖《いへど》も、往聖《わうせい》に繼《つ》ぎ來學《らいがく》を開《ひら》く所以《ゆえん》、其《そ》の功反《こうかへ》つて堯舜《げうしゆん》より賢《まさ》る者《もの》有《あ》り。然《しか》れども、是《こ》の時《とき》に當《あた》りて、見《み》て之《これ》を知《し》る者《もの》は、惟顏氏曾氏《ただがんしそうし》の傳《でん》のみ其《そ》の宗《そう》を得《え》たり。（三〇三頁）

（中略）

5 自是而又再傳以得孟氏、爲能推明是書、以承先聖之統。及其沒而遂失其傳焉。則吾道之所寄、不越乎言語文字之閒、而異端之說、日新月盛、以至於老佛之徒出、則彌近理而大亂眞矣。

是《こ》れ自《よ》りして又再傳《またさいでん》して以《もつ》て孟氏《まうし》を得《え》、能《よ》く是《こ》の書《しよ》を推明《すゐめい》し、以《もつ》て先聖《せんせい》の統《とう》を承《う》くるを爲《な》す。其《そ》の沒《ぼつ》するに及《およ》びて遂《つひ》に其《そ》の傳《でん》を失《うしな》ふ。則《すなは》ち吾《わ》が道《みち》の寄《よ》する所《ところ》、言語文字《げんごもじ》の閒《かん》を越《こ》えずして、異端《いたん》の說《せつ》、日《ひ》に新《あら》たに月《つき》に盛《さか》んに、以《もつ》て老佛《らうふつ》の徒《と》出《い》づるに至《いた》れば、則《すなは》ち彌〻《いよいよ》理《り》に近《ちか》くして大《おほ》いに眞《しん》を亂《みだ》る。（三〇六頁）

（中略）

7 熹自蚤歲、卽嘗受讀而竊疑之。沈潛反復、蓋亦有年。一旦恍然似有以得其要領者。然後乃敢會衆說、而折其衷。旣爲定著章句一篇、以竢後之君子。（中略）

熹《き》蚤歲《さうさい》自《よ》り、卽《すなは》ち嘗《かつ》て受《う》け讀《よ》みて竊《ひそ》かに之《これ》を疑《うたが》へり。沈潛反復《ちんせんはんぷく》、蓋《けだ》し亦年有《またとしあ》り。一旦恍然《いつたんくわうぜん》として以《もつ》て其《そ》の要領《えうりやう》を得《う》る有《あ》る者《もの》に似《に》たり。然《しか》る後《のち》乃《すなは》ち敢《あへ》て衆說《しゆうせつ》を會《くわい》して、其《そ》の衷《ちゆう》を折《せつ》し。旣《すで》に爲《ため》に章句一篇《しやうくいつぺん》を定著《ていちよ》して、以《もつ》て後《のち》の君《くん》子《し》を竢《ま》つ。（中略）

雖於道統之傳不敢妄議、然初學之士、或有取焉、則亦庶乎行遠升高之一助云爾。

淳熙己酉春三月戊申、新安朱熹序。

道統《だうとう》の傳《でん》に於《おい》て敢《あへ》て妄議《まうぎ》せずと雖《いへど》も然《しか》れども初學《しょがく》の士《し》、或《ある》ひは焉《これ》に取《と》る有《あ》らば、則《すなは》ち亦遠《またとほ》きに行《ゆ》き高《たか》きに升《のぼ》るの一《いち》助《じょ》たるに庶《ちか》からんと爾云《しかい》ふ。

淳熙《じゅんき》己酉《きいう》春《はる》三月《さんぐわつ》戊申《ぼしん》、新安《しんあん》の朱熹《しゅき》序《じょ》す。（三〇八・九頁）

『大学・中庸』山下龍二著　新釈漢文大系3　集英社　昭和五六年三月

左内のこの作品は、朱子の『中庸章句序』とくらべられるようなまとまったものではない。しかし、韓愈の「原道」や更には朱子の「道統論」をも、あるいは意識したことから書き初めたものかも知れない。

結語

左内の漢詩に見える韓愈は、次のような人物である。

（一）善政をしいた役人である。

（二）皇帝に対して忠節を尽くした臣下である。

（三）すぐれた君主を補佐したすぐれた臣下である。

（四）大丈夫（立派な男子）である。

（五）力強い古文を推奨され、六朝の陳言を去るよう指導された文学者である。

また、左内は自分を韓愈になぞらえ、主君の慶永を韓愈の主君の憲宗などに見立てていると思われる。左内は韓愈を主君に仕える理想的人物として描くことによって、左内自身が慶永に忠節を尽くす臣下であることを、間接的に述べているのである。それは、意識しないものであったかも知れない。行動の自由を奪われた謹慎中の不安から、自分にそう言い聞かせずには居られなかったのかも知れない。自己の正当性を意識することによって、精神の安定を得ようとするものであったかもしれない。

左内が慶永に対して忠実な臣下であったことは、今日においても変わらない評価であろう。ただし、政治家としての左内が、その政治思想の面に於いても韓愈と対比できる人物であったか、ということになると疑問が起こるであろう。一般的に言って、人民の為に命をかけて忠諫し、君を補佐する、という思想を、それが本音にしろ建前だけにしろ、中国の政治家は持っている。それは、韓愈にもある。(8) それが左内においては希薄であったと見られている。左内は直接には主君慶永の為に、間接には徳川幕府の為に働いたのである。そこに「領民、農民の為に働く」という意識はほとんどなかったのである。(9) しかし、これは、左内の生い立ちと時代の趨勢を考えるとき、止むを得ないことであった。

橋本左内の漢詩に見える韓愈は、理想的人物、政治家として、左内が作り上げた「左内的な韓愈」であったのである。

なお、文学者としての韓愈は、文体、表現手法に於いて左内と考えを同じくする文学者であると考えていたようである。

【注記】

（1）ここに記す年齢は数え年による。

作品数は左記の書による。

景岳会編『橋本景岳全集』歴史図書社　昭和五一年七月三一日発行、下巻の第九の「景岳詩文集」。

(2) 私は、勤務先の福井工業高等専門学校の同僚の藤井正道氏（数学）と、昭和四七年（一九七二）四月から平成二年（一九九〇）の一二月まで、休暇を除く期間、毎週一回、五〇分ずつの読書会を開いた。テキストは論語、岩波の中国詩人選集（第一集、第二集、計三三冊）朝日新聞社の中国古典選の唐宋八家文、易、孟子、三体詩、の合計一一冊で、一九八五年一〇月までの、一四年間に合計四四冊読んだ。この後は、一九八六年一〇月から一九九〇年一二月までに、橋本左内の「景岳詩文集」の漢詩を読んだ。これは一年にほぼ百首ずつ、合計四五〇首、他に、少年時代の作品六首、松平春嶽（慶永）の「悼橋本左内」四首、合計四六〇首を読んだ。この小考はその時の副産物である。

(3) 前出。七の【人名】「橋本左内小伝」を参照。主として左記の書による。
①景岳会編『橋本景岳全集』歴史図書出版社　昭和五一年七月三一日発行　上巻の「橋本景岳先生年譜」。
②山口宗之著『橋本左内』吉川弘文館　昭和六〇年一二月一日新装第一刷の「略年譜」。

(4)「景岳詩文集」の巻頭より巻尾までの作品に一連の通し番号を付けたものである。

(5) 主として左記の書による。
『明治文学全集62　明治漢詩文集』神田喜一郎編　筑摩書房。
なお、次の二書を参照した。
①大日本人名辞書刊行会編　『大日本人名辞書（三）』講談社昭和五五年八月一〇日第一刷発行　二一三三頁。
②近藤春雄　『日本漢文学大事典』明治書院　昭和六〇年　三月発行　五四八頁。

(6)『唐才子伝』巻五　韓愈の項を参照。他書も参照。なお、善政については『新唐書』本伝（巻一七六）に、「上疏極論宮市。徳宗怒、貶陽山令。有愛在民。民生子、多以其姓字之。」（上疏して宮市を極論す。徳宗怒り、陽山の令に貶《おと》す。愛ありて民に在り。民子を生むや、多く其の姓を以って之に字《なづ》く。）と記す。

(7)「角川日本地名大辞典」編纂委員会編『18福井県』角川書店　一九八九年一二月八日　発行　四三六頁。

(8) 例えば、韓愈の思想上の主張を述べた「原道」には「(老・仏の思想を塞がなければ、先王の道は流れ広がらないし、異端を止めなければ、わが儒道は行われない。)」「人其人。火其書。廬其居。明先王之道、以道之、鰥寡孤独廃疾者有養也、其亦庶乎其可也」（其の人を人にし、其の書を火にし、其の居を庵にし、先王の道を明らかにして、以て之を導き、鰥寡孤独廃疾の者に養ふこと有らば、其れ亦其れの可なるに庶からんと）。とある。ここには道仏二教の弾圧と同時に社会政策を考えよ、という主張が見られる。「鰥寡孤獨廃疾者有養也」（やもお、やもめ、親の無い子、子のない親、不治の病人、肢体不自由な人たちには生活が保護されることがあるならば、それこそまずそれでよいというのに近いであろう、と。）の一句には、人民の為の政治という考え方があるのである。

（9）「橋本左内の農民観について―農民層分解の視角より―」三上一夫著（『若越郷土研究』第一三巻第二号　昭和四三年三月三一日発行　福井県郷土誌懇談会）

山口宗之著　前掲書（注3）の第一〇　結びにかえて、二その解明、慶永とのつながり、民衆への姿勢　農民観など、の項（同書二八二～二八七頁）を参照。

一九九二年三月三一日、以文会友書屋にて記す。
二〇一八年八月初旬、以文会友書屋にて、一部改稿す。

九　橋本左内作「鷹巣山懐古、弔畑將軍」小考

序言

今から一四〇年余り前の幕末の時代、橋本左内は、「鷹巣山懐古、弔畑將軍」という、畑時能を悼む古体詩（楽府）を作っていた。(1)

畑時能とは今から六七七年前の人物である。足利方と戦った南朝方の武将「畑時能」は、新田義貞の臣下として、めざましい働きをしたが、義貞の死後、衆寡敵せず、興国二年（一三四一）一〇月二二日の越前「鷲ケ岳」での戦いで戦没した。それは、同年一〇月二五日のことであるとする説が有力である。(2)

その後、畑時能の生き方は、明治時代以後の天皇中心の国家体制のあり方と適合することが多かったのと、国家による南朝忠臣の顕彰活動の一環として、大正時代以降盛んに顕彰された。(3)しかし、昭和二〇年の敗戦後はしばらく取り上げられることもなかった。ところが、福井県でも、戦後三〇年を経過した頃から、見直す動きが起こって来た。(4)それは、畑将軍は時世の変化を承知し、不利と知りながらも、忠節の念を通し戦った、いわば強い信義・信念に生きた人物であるとするものである。これは、戦前の教育を受けた人たちを中心にして、戦後の人心の浮薄を嘆くという、社会一般の意識と重なって出てきた動きであったようである。

現在は子孫の畑一族方の顕彰会活動があるが、県下一円には知られていないように見える。ただしこれは二〇〇四年当時のことで、その後については、筆者は十分には承知していない。(5)

そこで本稿では、橋本左内の漢詩には、どういう特徴があるのか、「畑時能」を扱った文献の歴史の上ではどういう位置にあるのか、を考察してみたい。

一、「鷹巣山懐古、弔畑將軍」について

【製作年代】

この作品は、安政六年（一八五九）、左内が二六歳の製作と見られる。[6] 左内はこの年に漢詩を二八〇首作っている。左内は、前年の一一月から、町奉行にて、二回尋問を受けており、この年に入ると、一月から九月までに五回評定所で尋問を受けている。この作品は、そういう緊張した状況の中で作られている。

【この作品前後の作品】

この作品は、『橋本景岳全集』（景岳会、一九三九年）の「景岳詩文集」収録漢詩全四五〇首の第一首より付けた作品番号では三六八番である。[7] この年に作った作品の作品番号は一七一番からで、そこから数えるとほぼ七分の五ほどの位置に在る。また、この作品の前後の作品を見ると、夏の風物を詠っており、直後の「打麦詩」の五句には「梅雨晴れ」とあるから七月頃に製作されたと思われる。左内が一〇月七日に刑死する二ヶ月ほど前の作品である。

【原文、書き下し文】

＊行末の丸数字は換韻の箇所の順番を示す。

鷹巣山懐古、弔畑將軍　鷹巣山懐古、畑将軍を弔す

【題意】

鷹巣山《たかのすやま》とは、越前国坂井郡高須村（現福井市高須町）にある高須山のこと。標高四三八メートル。山名は、六六〇年ほど前に畑時能が拠った山頂の鷹巣城に拠るか。ここで亡くなった畑将軍といわれた方のことを思い出して霊を慰める、ということである。[8]

山峮嶙　　山は峮嶙
草衍蕃　　草は衍蕃
云是畑將軍之所嘗屯　云ふならく　是れぞ畑将軍の嘗って屯せし所なりと①」
憶昔南風不競蛟龍死　憶ふ昔　南風競はず　蛟竜死す
北道無復錦旗靡　北道　復た錦旗靡く無く
四海懵騰三光淪　四海懵騰し　三光淪む
何物狐狸蔑天子　何物ぞ　狐狸　天子を蔑ろにす②」
彦章素恥事二姓　彦章素より恥ず　二姓に事ふるを
南八男兒晩節勁　南八男児　晩節勁し③」
將軍忠義本天眞　将軍の忠義　本より天真
獨收殘卒呰棘榛　独り残卆を収め　棘榛に呰す

兵幾何　兵は幾何ぞ
廿七人　廿七人なり
有僕多力有犬馴　僕の多力なる有り　犬の馴るる有り　④」
霧則斫營夜劫寨　霧なれば則ち営を斫ち　夜なれば寨を劫かす
百計互出無一詿　百計こもごも出で一詿無し
海鹿吹波壯義聲　海鹿波を吹きて義声壮に
天地叱咤風雷噫　天地叱咤し　風雷噫す　⑤」
是時將軍立馬號　是の時　将軍馬を立てて号ぶ
十萬賊軍掩耳逃　十万の賊軍　耳を掩ひて逃る　⑥」
將軍還陣怒未斂　将軍陣に還りて　怒り未だ斂まらず
解甲踞床忽一眄　甲を解き床に踞り忽ち一眄す
三十七營何擾々　三十七営　何ぞ擾々たる
汝高經不足當吾犬　汝高経　吾が犬に当るに足らず。　⑦」
天不古正湧妖氛　天正に古せず　妖氛湧く
飛鏃沒肩流血紛　飛鏃肩に没し　流血紛たり
將軍斃　将軍斃る
從此北陲絶官軍　此れ従り北陲　官軍絶ゆ　⑧」

29 我聞同時藤公抗諫疏　我れ聞く同じ時　藤公諫疏を抗まれ
30 脱簪投紱此際去　簪を脱し紱を投じて此の際去ると
31 溪澗空逝雲不鎖　渓澗空しく逝き　雲鎖さず
32 松葉之菴在何處　松葉の菴　何処に在るや　⑨」
33 滄桑變遷四百年　滄桑の変遷　四百年
34 我今弔古血涙濺　我れ今古へを弔ひ　血涙をば濺ぐ
35 當時冥宰何所見　当時の冥宰　何の所見ぞ
36 黨姦害忠事倒顛　姦を党とし忠を害す　事は倒顛す　⑩」
37 儻微公輩外禍福　もし公輩　禍福を外にするなくんば
38 神州王氣永沈陸　神州の王気　永に沈陸せん　⑪」
39 姦賊骨朽日中天　姦賊の骨は朽ち　日は中天なり
40 鳴呼將軍之烈山不騫　ああ将軍の烈　山のごと騫くるなし　⑫」

【押韻】

楽府。全四〇句。韻字は、①1~3句、嶙、蕃、屯、嶙は平聲眞韻。他は平聲元韻、両者通韻する。②4~7句、死、靡、子（上聲紙韻）。③8~9句。姓、勁（去聲敬韻）。④10~14句、眞、榛、人、馴（平聲眞韻）。⑤15~18句、寨、註、噫（去聲卦韻）。⑥19~20句、号、逃（平聲豪韻）。⑦21~24句、眄、犬（上聲銑韻）。⑧25~28句、氛、紛、軍（平聲文韻）。⑨29～32句、疏、去、虎（上聲語韻）。⑩33～36句、年、濺、顚（平聲先韻）。⑪37～38句、福、陸（入聲屋韻）。⑫39～40句、天、騫（平聲先韻）。

【題意】鷹巣山における往事を思い、畑将軍の霊を慰める

【通釈】

1　山々は連なり、
2　草は生い茂っている。
3　この山が、南北朝の時代に畑将軍が立て籠もった所であると伝えられている。　①」
4　思えば、当時南朝は振るわず、英雄（新田義貞公）が戦死して、
5　北陸道には、南朝方の旗がひるがえることがなく、
6　日本中乱れに乱れ、世の中真っ暗闇の時代であり、
7　何か得体の知れない狐狸の類いが、天皇をないがしろにしていた。　②」
8　金の侵略に義兵を挙げた彦章は、二つの朝廷に仕えることを本心から恥としたのであり、
9　安禄山の乱に戦死した南八男児は、最後まで忠節を守って屈しなかったのである。　③」
10　畑将軍の忠義の心も、本当に自然のままの飾り気のないものである。
11　僅かに残った兵卒を集めて、雑木林を砦とした時、
12　兵卒は何人であったか。

13 二七人である。
14 部下の中に、悪八郎という大力の者がおり、また、犬獅子と呼ばれる馴れた犬をしたがえて、④」
15 霧がかかれば、敵の陣営を攻撃し、夜に乗じては敵の砦を襲うというように、
16 種々の計略が、次々と湧き出して一つも失敗することがなかった。
17 (戦場では、)あしかが波を吹き出して、忠義の雄たけびを挙げ、
18 天地の神々は大声でしかりつけるようで、風雷は神々のげっぷの音のようである。⑤」
19 この時、将軍は馬のたづなを引きしぼって叫んだ。
20 すると、一〇万の賊軍は、耳をおおって逃げてしまった。⑥」
21 将軍は自分の陣地に戻っても、その怒りはまだ収まらないくらいで、
22 よろいを脱いで床几に腰かけ、すばやく敵陣を眺める。
23 すると、三七個もある敵の陣営は、ごたごたと乱れ騒いでいる。
24 やい、高経よ。お前の軍勢は、わが犬の相手としても不十分な弱卒ばかりだ。⑦」
25 しかし、天は正義の者に幸いをもたらさず、あやしい気配が立ち昇り、
26 流れ矢のやじりが肩にくい込み、血が辺りを染める。
27 将軍はたおれた。
28 この時から、北陸地方に官軍が絶えてしまった。⑧」
29 私は聞く、同じ頃藤房卿が天子に諫言を申し上げても聞かれずに、

30 官職を投げ棄てて、これを限りに、出家してしまったと。
31 今、谷川が空しく流れ、雲は空を覆わぬほどののどかな風景の中で、
32 松風の吹いていた、かの畑将軍の砦はどの辺りにあったのだろう。⑨」
33 滄海が変化して桑田になるという、激しい世の移り変わりが四百年間を経て、
34 私が今、昔のことをしのび、血の涙を流している。
35 当時のぼんくら宰相は、なんと愚かな意見を持っていたことか、
36 悪者に組みし、忠義の者を殺害して、まったく事柄はひっくり返っている。⑩」
37 もし、あなたのように、幸福と禍いを度外視して活躍される方がおられなかったならば、
38 我が国の尊王の気風は、永遠に滅び去っていたであろう。⑪」
39 今や、悪者たちの骨は朽ちてしまい、太陽は空高く輝いている。
40 ああ、畑将軍の堅固な忠義は、山のように聳えていて欠けるところがない。⑫」

【語釈】

○鷹巣山（たかすやま）―福井市高須にある。【題意】を参照。○懐古（かいこ）―昔のことを思い起こす。○弔（とむらう）―死者の霊を慰める。○畑将軍―畑時能（ときよし）。「太平記巻第二二」に、畑六郎左衛門が事の条があり、この詩は（基本的には）その記事によっている。○峮嶙（くんりん）―山が連なるさま。○衍蕃（えんはん）―しげりひろがる。○屯（とん）―軍隊がとどまりまもる。○競（きそう）―さかん。南風不競は、南北朝時代の南朝の勢力

の衰え傾いたこと。（我が国特有の意味＝新撰漢辞典）○蛟龍（こうりゅう）―みずちと竜。英雄をいう。ここは新田義貞をさすか。○靡（なびく）―はびこる。○懵騰（ぼうとう）―はげしくみだれる。○三光―日、月、星をいう。○淪（しずむ）―おちぶれる。○蔑（ないがしろにする）―かろんじる。○彦章（げんしょう）―陳皓（ちんこう）を指すか。○宋、石城の人、字は彦章。金が侵犯して来たとき、義兵を集めて忠義をあらわした。○南八男児（なんぱちだんじ）―唐の南霽雲が安禄山の乱の時、張巡に従って城を守り、張巡に「南八男児死するのみ」と激励されて終に敵に屈しなかった故事。○棘榛（きょくしん）―いばらとはしばみ。雑木林。○幾何（いくばく）―どれほど。○斫（うつ）―撃つ。○劫（おびやかす）―せまる。○塞（さい）―とりで。○一詿（いっかい）―ひとつのあやまり。○海鹿（かいろく）―あしか。○叱咤（しった）―大声でしかりつける。○噫（おくび）―げっぷ。○號（さけぶ）―大声でさけぶ。○踞（うずくまる）―ひざを立ててすわる。○一眄（いっぺん）―ちらりと見る。○擾々（じょうじょう）―ごたごたと乱れるさま。○高經（たかつね）―斯波高経。畑時能を攻めていた寄手の大将。○祜（さいわい）―幸い。○妖雰（ようふん）―あやしいけはい。○飛鏃（ひぞく）―飛んで来たやじり。○紛（ふん）―いりみだれる。○斃（たおれる）―たおれ死ぬ。○北陲（ほくすい）―北のはてにあるへんぴな土地。北陸道をさす。○藤公（とうこう）―藤原藤房を指すか。「太平記巻第一三」に藤房卿遁世事の条がある。○諫疏（かんそ）―臣下が君主をいさめる書。○抗（こばむ）―拒否する。○簪（かんざし）―かんむりをとめるために髪にさすもの。転じて、高官の服装。又それを着ける身分を表す。○紱（ふつ）―印につけるひも。○溪澗（けいかん）―たにがわ。○菴（いおり）―軍隊の行軍途中の宿。○滄桑（そうそう）―滄海が変じて桑田となる意で、世の移り変わりの激しいこと。○濺（そそぐ）―涙が流れ落ちるさま。○冥宰（めいさい）―おろかな宰相。○倒顚（とうてん）―さかさまにする。○儻（もし）―仮定の意の助字。○沈陸（ちんりく）―世がみだれほろびること。○微（ない）―無い。○烈（れつ）―節操がかたい。○不騫（かけず）―欠けることがない。

二、畑時能の「伝記資料」について

畑時能についての記述で、最も早い時期のまとまっているものは、『太平記』である。以下、『大日本史』『日本外史』等がある。その他、各種の史書、碑文、等の研究をまとめた「研究書」がある。

ただし、左内がこの作品を創作する時参照したと考えられる資料は、まず左内が生きた時代と活動場所の範囲内にある資料、次に畑時能の越前における戦い、特に、鷹巣山の戦いの始めから最期の場面までが描かれている資料、に限定される。そこで、右に挙げた資料を検討してみたい。

【太平記】

軍記物語。四〇巻。作者は小島法師説が最も有力。いくつかの段階を経て応安（一三六八～一三七五）―永和（一三七五～一三八一）の頃までに成る。北条高時失政・建武中興を始め、南北朝時代五〇余年間の争乱の様を華麗な和漢混淆文によって描き出す。

「畑時能」のことは構成上、第二部とも云われる巻二二の「畑六郎左衛門事」に詳しい。

杣山城が落城し、越中・若狭等五箇国の間に宮方の城は皆無で、畑時能ら二七人が籠もった鷹巣城だけであった。一井氏も同じくこもった。時能の勇力と氏政の知謀を恐れた（斯波）高経・（高）師重両大将の軍は七〇〇〇騎で鷹巣城を囲んだ（三〇余の向かい城を作った）。時能の生国は武蔵国で、少年時より相撲が強く関八州一で、筋肉隆々であった。

その後信濃の国へ移住し、山陸海の猟師をしていた。乗馬、水泳が巧みで、強弓を引き〈造父、憑夷、養由の中国の例を引く〉、謀が巧で、精神力が強く敵を靡かせた〈中国の樊噲、周勃の例を引く〉。また、甥の快舜も剛勇、中間の悪八郎は大力、それと賢い犬獅子がいた。夜間に三人と犬は敵の向かい城に手段を様々に変え入り込み犬に偵察をさせ奇襲を掛けた〈犬戎国、周王の話を引く〉。毎夜一つ二つ落とされるので敵の向かい城の中には恥を恐れ攻めないようにと兵糧や酒を賄賂に送ってくる者まで出た。上木九郎家光が先陣で攻め寄せると、三〇余の向かい城の兵七〇〇〇人が一斉に押し寄せた。時能以下の五人は隙をつき悪八郎は暴れ回り敵を撃退した。時能は城に一井兵部少輔と兵一一人を残し、他の一六人を引き連れて十月二一日夜半に伊地山（鷲が岳）に打上った。高経は平泉寺の衆徒も挙兵したと思い、二二日早朝三〇〇〇騎で攻めて来た。時能は敵が近づいた時人並みはずれた軍装に重く大きい武具を付けて「畑将軍ここにあり」と大呼して打って出て奮戦した。敵はひるんだが、高経の叱咤に勢いづき一六騎を取り囲んだ。時能は名馬を操り疾駆し敵をなぎ倒し、部下も同じく奮戦した。敵を蹴散らし戻ってみると五騎は討たれ九人は負傷していた。その内快舜は七カ所の負傷で夕方死に、時能は肩に入った鏃が抜けず苦しみもだえ三日後に死んだ。〈太平記著者の批評〉畑は悪逆無道で、罪悪を恐れず僧を殺し仏閣社壇を焼き壊し、善を行う心なく、悪業〈身・口・意で行う〉が重なって、勇士で知謀があったが、天罰を与えられた〈羿、奡、夏后の話と玄宗皇帝時の賢相宋開府の例を引く〉。

時能の没後、北国の宮方は意気消沈した。

【日本外史】

史書。頼山陽著。源平二氏から徳川氏に至る武家の興亡を各家別に記して名分を明らかにし、史論を挿んだもの。

漢文体。二二巻。文政一〇年（一八二七）成り、一二年刊。

「畑時能」のことは、巻六、新田氏正記の中に入っている。

残兵二七人と鷹巣城に拠る。足利高経高師治《ママ》らこれを囲む。三七営を結ぶ。時能は幼きより相撲を好み、武は人を圧倒した。姪の僧の快舜は善戦し、僕の悪八郎は力持ちで犬獅子を養い、それを使って夜襲すると、敵方は甲を捨てて逃げた。ひそかに賄賂を贈って来た（夜襲、賄賂の話は太平記と同じ）。敵は、畑将軍という。一井氏政が入城した。氏政を残し兵を二分して一六人と夜伊地山を出る。高経は平泉寺の僧徒の来援と思い、三〇〇〇騎で迎え撃つ。「畑将軍ここにあり」と大呼し戦う。敵は敗走する。しかし快舜は負傷し夕刻死ぬ。時能は肩に入った鏃に三日間苦しみ最期を遂げる。これより北国また官軍が無かった。

【大日本史】

神武天皇から後小松天皇までの歴史。徳川光圀の撰。三九七巻。漢文の紀伝体。明暦三年（一六五七）史局を設けて着手、光圀没後も編集を続け、明治三九年（一九〇六）に完成。神功皇后を皇妃伝に、大友皇子を本紀にのせ、南朝を正統とする。なおこの書は、幕末の勤王思想に多大の影響をあたえた。

「畑時能」の伝記は、第一七五巻、列伝二、に見える。

六郎左衛門は武蔵の人で、体格容貌勝れ、士気勝り、謀略に長ず。力持ちで泳ぎを良くし、撃剣騎射に勝れ負けたことがない。一六から相撲を好む。後に信濃に住み、漁師を生業とする。建武の初め新田義貞の義を唱えたのに賛同し参戦、脇屋義助、義貞等と共に戦う（歴戦の場所を詳しく述べ、義貞死後の義助らの動勢を述べる）。時能は家来二七人で鷹巣城を守り、一井氏政も来る。高経等の兵七〇〇〇人攻め寄せる。敵は三七塁を作り、攻めて来る。快舜、悪八郎ら奮闘する。犬獅子とそれを使った夜襲に敵方は恐れて賄賂を贈ってくる。上木家光家族二〇〇余人ら奮戦するも、時能らも奮撃し、高経ら引く。時能は兵を二分して一六人と夜出て伊地山に登る。高経は平泉寺の援軍と思い、三〇〇〇騎で急に攻めて来る。「畑将軍なり」と大呼して奮戦、敵は敗走する。兵を集めてみると五人は戦死その他も重傷。快舜は七創を被り夕方に死ぬ。時能は流れ矢が肩に当たり鏃が抜けず三日後に死去する。これより北方官軍またと振るわず。

右に述べるように、『日本外史』と『大日本史』は漢文体であるから語句に類似のものがある。ただし、二書の間には違いが見られる。『大日本史』は新田没後のこと、上木家光のことなど、『太平記』の記述に忠実であり、その上異本も使っていて詳しい。

ただし、『太平記』では脇屋義助のことは次に出る義助の項に譲られているが『大日本史』では、時能と一緒に取り上げている。また、『日本外史』は『大日本史』に較べて、合戦の際の時能の軍装、合戦の具体的描写、時能の人物・能力の紹介記述が少ない等の違いが見られる。

一方、『太平記』と『日本外史』『大日本史』の二書が大きく違うところがある。それは、『太平記』が引く〈中国の例話〉は引かない。最も注目すべきことは、『太平記』に見られた「著者の批評」則ち「時能を批判するの記事」が無いことである。

これらの相違点については、更に四で、「鷹巣山懐古、弔畑将軍」と対比して述べる。

【研究書】

一、石橋重吉著　「勤王贈正四位　畑時能」（石橋重吉著『若越墓碑めぐ里』所収。初版（武生市）若越掃苔会、昭和七年六月出版。復刻版、歴史図書社、昭和五一年九月三〇日発行）。復刻版の一六六五、一六六六頁。
二、石橋重吉編『贈正四位畑時能公小伝』福井図書館発行　昭和一三年九月二〇日発行。
三、石橋重吉述「鷲ケ岳　畑時能」（『若越の異人』の「北国経略」の部所収）大政翼賛会福井県支部　昭和一八年一一月一五日発行。
四、『畑時能の古戦場を偲ぶ』（勝山市北郷町）畑時能公を偲ぶ会、昭和五七年一〇月二五日（畑時能公六百四十一年忌）発行。
五、畑文雄編著『畑六郎左衛門時能史』金沢市有松二―二―二〇（畑文雄方）平成二年二月一一日発行。
六、『南朝への節に殉じた畑時能の生涯』畑時能公遺徳顕彰会（東京都八王子市大塚九八番地の三〇　畑欣二方）平成一五年一月八日発行。

右の六点の研究書は、出版時期から三期に分けられる。

第一期　戦前期。一～三の著者・石橋重吉氏は、福井県立図書館長を務めた地方史研究家である。石橋氏の著作は、まず事実を掘り起こし、客観的に正確に記述しようとしている。石橋氏の著書では、

一、は大正七年建立の墓の表面・裏面について記している。

二、は「伝記」として最も基本的なもので、それまでに明らかになっている事項をまとめている。根拠を明示している。

三、は時局の関係で出来た書物であるが、記述の態度は公平である。

第二期　戦後期。四の著書は、福井県勝山市北郷町の「偲ぶ会」の著作である。戦前の反動で長く取り上げられな

かった畑時能公を見直そうという動きで出来た書物である。

第三期　平成期。戦争の記憶が残る重苦しい昭和時代が終わったあとの、自由な雰囲気の中で、書かれている。五～六は畑氏の子孫の著作である。

「偲ぶ会」と畑氏の子孫の書は、正確に記そうとすることは、第一期と同じと考えられるが、加えて、偉人、先祖の英傑を顕彰しょうとする景仰の姿勢で書かれている。

筆者は、石橋氏の著書を中心に据え、「偲ぶ会」と畑氏の子孫の書も参照しながら左内の作品との対比研究を進めることとする。

右の研究書の中で、一、は左内以後の時代の碑のことであり、左内の詩とは関係がない。二、には、城址碑、各地の墓碑、武家方の古文書についての記述がある。一二墓碑のうち、「武蔵最上寺における墓碑」は天保九年（一八三八）一〇月の建立である。年代の面から考えると、左内が見た可能性が考えられる唯一のものである。しかし、左内の作品の詩句と対比すると、特にこれと関係すると見られる語句はない。その他、古文書には、左内の詩との関係が見られない。四、には、『三才図絵』の犬獅子の項目が引かれているが、書物全体としては関係がないと見られる。五、は、昭和年代までに判明した畑時能の様々な事項について纏めている。「時能の妻」のことなども取り上げている。六は、軍人であった著者が、合戦の場を忠実に追っている。

なお、四、以下の研究書が取り上げる資料・場所等は、既に、二で述べたものと大差が無く、左内の詩との関係という点から見ると、新しいものはない。

以上、検討の結果、左内が読んだ可能性があるのは、『太平記』と『日本外史』である。『大日本史』については既に完成していた部分を見ていた可能性は少ない。しかし、正確なことは判然としない。それ故、『日本外史』の後に挙げる。その他の史書の記事、石碑類は断片的でもあり、参照したとは考えられない。

三、「伝記資料」と「鷹巣山懐古、弔畑将軍」との対比、及びその特徴

左内の作品は大きく三段に分れる。第一段は、初句から一〇句までで、畑時能の忠義の心を説く。第二段は、一一句から二八句まで、畑将軍の勇猛ぶりを描く。第三段は畑時能なきあと、忠義の人が居なくなったこと、その中で畑将軍の偉大さが目に付くことを述べる、のである。

そこで、左内の「鷹巣山懐古、弔畑将軍」（一八五九制作）を中心にしてこの作品の記述に沿って、書物の成立順に、『太平記』（～一三八一成立）、『日本外史』（～一八二九刊）、『大日本史』（～一九〇九完成）との対照を試みる。また、『鷹巣山懐古、弔畑時能』を「懐古」、『太平記』を「太平」、『日本外史』を「日本」、『大日本史』を「大日」、と略称して記す。それぞれ、関係の有無を、「有り」「無し」で示し、説明を加える。ただし、これは内容の面で言っており、語句の形でも典拠であると厳密に指摘しているわけではない。

1　山峮嶙

2　草衍蕃

3　云是畑將軍之所嘗屯①」

＊懐古は、景色を実際に見た時の思いを『太平記』を読んだときの印象に重ねている。「太平」「大日」に山の記述

少し有り。ただし、表現は違う。「日本」に無し。

4 憶昔南風不競蛟龍死
5 北道無復錦旗靡
6 四海懵騰三光淪
7 何物狐狸蔑天子②」

*懐古は、楠木正成、新田義貞亡き後の天下の状況を示している。「太平」「日本」「大日」に4、5句は有り。6、7句は無し。

8 彦章素恥事二姓
9 南八男兒晩節勁③」

*「太平」「日本」「大日」に無し。懐古は、中国の故事を踏まえる。○彦章は、陳皓を指すか。宋、石城の人。字は彦章。金が侵犯してきた時義兵を集めて忠義をあらわした。○南八男児は、唐の南霽雲のこと。安禄山が反乱した時、張巡に従って城を守り、張巡に「南八、男児は死するのみ」と激励されてついに敵に屈しなかった故事。[9]

10 將軍忠義本天眞
11 獨收殘卒砦棘榛
12 兵幾何
13 廿七人
14 有僕多力有犬馴④」

＊「太平」「日本」「大日」に有り。ただし、懐古と表現に小異有り。

15　霧則斫永營夜刧寨
16　百計互出無一註
17　海鹿吹波壯義聲
18　天地叱咤風雷噫⑤」

＊「太平」「大日」に15句有り。「太平」「日本」「大日」に17、18句は無し。

19　是時將軍立馬號
20　十萬賊軍掩耳逃⑥」

＊「太平」「日本」「大日」に懐古の19句の馬、20句の十萬の語無し。

21　將軍還陣怒未斂
22　解甲踞床忽一眄
23　三十七營何擾々
24　汝高經不足當吾犬⑦」

＊「太平」「日本」「大日」に23句は有り。21、22、24句は無し。

25　天不古正湧妖氛
26　飛鏃沒肩流血紛
27　將軍甃

28 従此北陲絶官軍⑧」

＊「太平」「日本」「大日」に25句無し。26、27、28句は有り。

29 我聞同時藤公抗諫疏

30 脫簪投紱此際去

31 溪澗空逝雲不鎖

32 松葉之菴在何處⑨」

＊「太平」「日本」に29、30句有り。懐古は、「太平」巻一三の「藤房卿遁世事」を踏まえると見られる。「太平」「日本」「大日」に31、32句は無し。懐古のこの句は、体験をふまえた作者の感慨である。

33 滄桑變遷四百年

34 我今弔古血淚濺

35 當時冥宰何所見

36 黨姦害忠事倒顚⑩」

＊「太平」「日本」「大日」に33、34、35、36句とも無し。懐古は33句で、中国の故事を引用した。作者の感慨でもある。

37 儻微公輩外禍福

38 神州王氣永沈陸⑪」

＊「太平」「日本」「大日」共に無し。懐古は、作者の感慨である。

39　姦賊骨朽日中天
40　嗚呼將軍之烈山不騫⑫

＊「太平」「日本」「大日」に無し。懐古は、作者の感慨である。

【特徴】

検討した結果明らかに出来たことを挙げる。

一、『日本外史』『大日本史』は、『太平記』を主な典拠として記述していると見られる。また『日本外史』よりも『大日本史』の方が記述が詳しい。これは、書物全体の容量の違いと使用した文献に関係があると思われる。

左内の作品では、『日本外史』『大日本史』等の漢文の歴史書に拠ると思われる箇所は見い出せない（左内が作品製作の際に、二冊の漢文の史書を見ていたとすれば、漢文の簡潔な表現は参考にしたとは思われる。しかし、出典という観点からすると、特記できるほどの特徴は見出せない）。

二、左内の作品は、『太平記』を主な典拠として製作していると見られる。

（一）、左内の作品は、畑時能の最後の合戦の場面の出来事を、漢詩という形式にはめ込むために、『太平記』の記述した事柄を整理し選択をしている。

例えば、脇屋義助、快舜、悪八郎らの家来のこと、高経、上木家光らの用兵、陣立て、関連の記述はない。畑時能のことも生国、容貌、体力、生業、参戦の動機、装束、常用の馬、等は記述しない。また、中国の豪傑の話、犬戎国の説話、等は載せない。

㈡、一方、場面の描写をしたり、左内自身の感慨を述べるなどにはかなり多くの句を創作している。例えば、①の1、2句、②の6、7句、⑤の17、18句、⑧の　25句、⑨の31、32句、⑩の33、34、35、36句、⑪⑫の各句である。

なお、②、③、の各句、⑧の28句、⑩の35、36句⑪、⑫の各句等では、特に畑時能を顕彰している。この部分に、作者の尊王思想がよく現われている。

また、『太平記』には、「太平記の著者の批評」で、畑は「悪逆無道の人である」などと記してその理由を挙げているが、これについては一切ふれない。このことも、左内が畑時能を尊王の人として描くことを意図していることを暗示している。

㈢、書物等によって学んだ中国の故事（③の8、9句）などを用いて作品に厚みを増している（⑤の17、18句の典拠については未詳）。

㈣、内容が変わる毎に換韻をしている。

結　言

左内は、まず『太平記』の記述に触発されて、四〇〇年前の畑時能の戦闘の場面を想像し、また、嘗て仰ぎ見た鷹巣山の景色を思い浮かべて、この作品を書いたと考えられる（左内の母・梅尾は高須山のふもと蓑浦（福井市蓑町）所在の大行寺の娘であり、左内は鷹巣山を仰ぎ見ることがよくあったと考えられる）。

『太平記』は、年月を経るにつれて史書としての評価が高まった。しかし、記述事項が多かった。そこで、左内は、漢詩という形式に纏めるために、記述内容の整理をし、効果的に構成し直した。

また、押韻の工夫をし、漢詩として緊張感のある作品に仕上げた。この点に漢詩人としての左内の力量が見られる。

一方、表現された詩句からは尊王思想が窺われる。八句九句に示されるように節に殉じるものに共感し、岳飛に憧れ号を景岳としたことでも窺われるように、主君に忠義を尽くすものであった。

また、左内以降の日本社会では、畑時能に対する見方も、序言に記したような歴史をたどって今日に至っている。『太平記』は、後代に大きな影響を及ぼした。[10] 左内のこの作品は、その思想的な影響の流れの中にあった作品である、と結論することが出来る。

【注記】

（1）『橋本景岳全集』（景岳会、一九三九年）所収。ただし『藜園遺草』には収録されていない。

（2）石橋重吉編『贈正四位畑時能公小伝』（福井図書館、一九三八年）の「一〇 公の戦没年月日考」同書の一六頁参照。

（3）注（2）の「一七 公に関する略年表」同書の三一頁参照。

（4）『畑時能の古戦場を偲ぶ』

（勝山市北郷町）畑時能公を偲ぶ会、一九八二年（畑時能公六四一年忌）発行。同書の「序にかえて」参照。

（5）次に挙げる二書はその良い例であろう。

①畑文雄編著『畑六郎左衛門時能史』金沢市有松二―二―二〇（畑文雄方）一九九〇年発行。

②『南朝への節に殉じた畑時能の生涯』畑時能公遺徳顕彰会（東京都八王子市大塚九八番地の三〇　畑欣二方）二〇〇三年。

（6）作品の制作年代は、作品の題名、及び題名に付けられいる注記に拠っている。

（7）作品番号は前川幸雄と藤井正道とが二人でつけた。一九八六年一〇月から一九九〇年一二月にかけて『景岳詩文集』の「漢詩」の勉強会をした時に、研究の便宜のために付けたのである。

一七一番は「癸未元旦二首」となっている。前後の作品から判断して、この題名の「癸未」は「己未」即ち安政六年（一八五九）のことと考えられる。そして、一七一番から巻末の四五〇番までが同年の製作と見られる。
（8）角川日本地名大辞典『18福井県』、同編纂委員会編、角川書店、一九八九年一二月八日発行、七〇三、七〇四頁参照。
（9）左内は「南霽雲」を尊敬していた。謝枋得の「初到建寧賦詩」を獄中で半切に揮毫している。本文と書き下し文を掲げる。

雪中松柏愈青青　雪中の松柏愈々青々、
扶植綱常在此行　綱常を扶植するはこの行に在り。
天下久無龍共勝潔　天下久しう龍共勝が潔無し、
人間何獨伯夷清　人間何ぞ独り伯夷のみ清からん。
義高便覺生堪捨　義高うして便ち覚る生の捨つるに堪ゆるを。
禮重方知死甚輕　礼重うして方に知る死の甚だ軽きを。
南八男兒終不屈　南八男児終に屈せず、
皇天上帝眼分明　皇天上帝眼分明。

戊午の冬録す　橋本紀

詩の作者の謝枋得は宋が亡び元の天下になっても宋への大義に殉じた人物。元の都に護送されるに当たり死を覚悟し、決意・心境をこの詩に託して妻子友人と離別した。詩中に詠われている龍共勝、伯夷、南霽雲らも共に節に殉じた人たちである。
戊午の冬とは安政五年（一八五八）の一〇月で、左内は滝勘蔵預けの幽囚生活をしていた。左内は、自己の境涯が謝枋得と同じであり、同じ心境であることを示そうとしてこれを書いて、同輩の佐々木長淳に与えたのである。
（10）『日本古典文学大辞典』岩波書店、第四巻　一九八四年　第一刷　発行、の一一一頁参照。
「『大日本史』や『日本外史』を貫く大義名分論的歴史観によって解釈された。『太平記』は、幕末の尊王論に影響を及ぼし、更にその後の国家主義的精神の振興に利用されるところとり、第二次世界大戦の終結まで続くことにな」った、と。

【使用文献】
一、橋本左内著・景岳会編『橋本景岳全集』（上・下）発刊の復刻版　歴史図書社　一九七六年発行。
二、『太平記』日本古典文学大系、34、35、36、岩波書店発行。
太平記　一、二　後藤丹治・釜田喜三郎　校注、
太平記　三　後藤丹治・岡見正雄　校注、
一、二、三、はいずれも昭和三八年の発行。

三、源（徳川）光圀著『大日本史』列伝（六）（義公生誕三百年記念会）・大日本雄弁会　昭和四年一月二〇日発行。
四、『日本外史』（校正日本外史）田中太右衛門、
　頼久太郎　明治三一年三月二〇日　第七刻発行。

二〇一八年七月、改稿。

二〇〇四年一二月二五日記。以上。

◎本稿は、今回、一冊の書籍にまとめるに際して、左記のように全体の構成を変えた。
＊「橋本左内小伝」を省いた（左内作品の論文が三編あるので、左内の伝記を一つにした）。
＊【通釈】【語釈】【余説】などを追加した（この記述には、主に前川幸雄・藤井正道の「勉強会の原稿」を使用しているが、改めた箇所もある）。

十　橋本左内作「謁新田墓、弔源左將公」考

序言

幕末の志士として知られる橋本左内は、一方では四五〇余首の漢詩を残した漢詩人でもあった。本稿では、左内の漢詩「晩冬經長崎村」と「謁新田墓、弔源左將公」について研究し、特に後者の特徴等について考察するものである。先ず、新田氏と新田義貞について記す。次に、橋本左内と取り上げる作品との関係について記す。

一、新田氏と新田義貞小伝(1)

○新田氏（にったし）。上野（こうずけ）の豪族。源義重が上野新田郡に私領を開発して新田荘を成立させ、新田氏を称した。治承・寿永の内乱期に遅れて源頼朝に属し、鎌倉時代、一族は新田荘を中心にして各地で繁栄した。鎌倉後期、嫡流の新田義貞は後醍醐天皇に応じ、鎌倉をおとしいれて北条氏を滅ぼしたが、建武政権のもとで足利尊氏と対立。以後一族は南朝方として各地で戦って滅びた。支流の岩松氏は足利方に属して存続した。

○新田義貞（にったよしさだ）。正安三年—暦応元年（一三〇一—三八）鎌倉後期・南北朝期の武将。父は朝氏（ともうじ）。元弘の乱（一三三一）で千早城攻撃に参加したが、帰国して挙兵、鎌倉を攻撃して幕府を滅ぼした。建武政権下で上野・越後・播磨の国司となり、足利尊氏と対立、建武二年（一三三五）、箱根竹ノ下に戦って敗れた。翌年九州から上洛する尊氏を兵庫で防いだが再び敗れ、恒良（つねよし）親王を奉じて北陸に下り、越前金崎に

拠ったが落城。脱出して再挙をはかったが、一三三八年、藤島で斯波高経と戦って討ち死した。

二　新田義貞を詠った二作品

二・一　晩冬經長崎村

【出典】『橋本景岳全集』（景岳会、一九三九年の「景岳詩文集」に見える。集録漢詩全四五〇首の第一首より付けた作品番号では六一番である。(2)

【製作年代】この頃の詩（二一五〜六五番の詩）は、ほぼ嘉永五、六年（一八五二、一八五三、作者一八、一九歳）の間、父の病によって大坂から福井に帰って、安政元年（一八五四）江戸遊学までの、在藩時代の作と考えられる。一地方の医師を業としながらも国難を思う気持が表現されている作品群である。

【題意】冬の終わる頃、長崎村を通る。

晩冬經長崎村　　晩冬　長崎村を経（ふ）。〈六一番〉

陰雲漠々日將昏　陰雲漠々として日将に昏れんとし、
聞說此間古迹存　聞くならく此の間に古跡存すと。
想起當年南北事　想起す当年南北の事、
一行恨涙弔靈魂　一行の恨涙霊魂を弔す。

【押韻】七言絶句。韻字は、昏、存、魂、（平聲元韻）

【通釈】

雨雲が暗くたれこめ、日も暮れようとしている時、（長崎村を通った）。

聞くところによれば、この辺りに古跡があるという。

その昔、南北朝時代の事を思い起こして、

（つい流してしまった）一筋のくやし涙をもって、志半ばに倒れた武将の魂を弔らおう。

【語釈】

○晩冬―冬の終わり。陰暦一二月。○長崎村―福井県坂井郡丸岡町長崎。『太平記』巻第二〇によれば、その地にある称念寺に新田義貞の死骸を葬ったという。○陰雲―あまぐも。雨を降らせるような雲。○漠々（ばくばく）―ぼうっとしてうす暗いさま。○昏―日が暮れて暗い。○聞説（きくならく）―聴くところによれば。○此間―このあたり。この場所。○古迹（こせき）―むかしの建物や戦場などのあと。○想起―おもいおこす。○當年―その昔。当時。○南北事―南北朝時代のこと。○一行―一列。○恨涙（こんるい）―残念に思う涙。くやし涙。○弔―死者の霊を訪い慰める。○靈魂―死者のたましい。

【余説】

この詩から、左内は南朝方の武将の運命に悲痛の涙を流していたことが窺われる。

この詩に謂う長崎村は、福井県坂井郡丸岡町長崎である。『太平記』巻第二一「義貞自害事」によれば、その地にある称念寺に新田義貞の死骸を葬ったという。長林山往生院称念寺は正応二年、他阿上人の創建で、時宗。当寺には新田義貞の石塔・木像がある（越前名勝志・坂井郡）。『若越墓碑めぐ里』にも記載がある。[3]

また、『新田義貞公と時衆・称念寺』の「前がき」によると『称念寺は、泰澄大師が養老五年（七二一）三月に草創されてから一二六〇余年になり、徳川時代の末までは、多くの末寺があった古刹であっ』た。[4]

なお、義貞が戦った当時、後醍醐天皇は吉野に潜行され（一三三六年一二月）、南朝方の武将は、楠木正成（同年五月）、名和長年（同年六月）、北畠顕家（同年五月）等がすでに討ち死にし、名の聞こえた者といえば新田義貞ひとりが残って、越前で奮戦した。新田義貞が戦死したのは、一三三八年七月で、越前灯明寺畷（現在の福井市新田塚）においてである。

二・二　謁新田墓、弔源左将公。

【出典】『橋本景岳全集』（景岳会、一九三九年刊）の「景岳詩文集」にある。作品番号は三七七番である。

また、左の三書にも見える。

①『藜園遺草』橋本紀・伯綱著、橋本綱維・綱常編　玉巌堂　明治三・一八七〇年七月刊。

②『藤島餘芳』完、富田厚積編、藤島神社社務所、明治三六・一九〇三年九月一〇日発行。五・六頁。（本文は原文に句点のみを付けてある。）

③『忠勇義烈　新田精神』―近代名士の詩歌文集―、熊谷五右衛門編、新田精神普及会、一九三九年一〇月二日発行。一・二頁。（原文に訓点が付けてあり、書き下し文がある。）

以下、原文は右の四書による。文字の異同は、後出の三、二、一、本文の出典、で記す。

【製作年代】

左内とこの作品との関係について

作品と関係のあること、特に、二四歳以後のことを記す。安政四年から次年の七月まで、藩主慶永（春嶽）のブレーンとなって国事（将軍継嗣問題）に奔走した。

二五歳、安政五年七月五日、慶永（春嶽）隠居、急度慎、を命ぜらる。慶永（春嶽）は左内の多年の忠勤を嘉して硯箱を賜う。一〇月二二日、幕吏、藩邸内曹舎に来たり捜索して、書類を押収。同月二三日、江戸町奉行石谷穆清に召還され、庁舎において尋問を受け、滝勘蔵方預け謹慎を命ぜらる。幽閉中は他と面会せず、（文通はあったが）読書吟詠自ら遣る。慶永の雪冤に心を痛める。一一月八日、一〇日、町奉行所において尋問を受く。

二六歳、安政六年正月八日、二月一三日、三月四日、七月三日、九月一〇日、評定所において尋問を受く。一〇月二日、入獄。同月七日、刑死す。

この作品は、安政六年（一八五九）、左内が二六歳の制作と見られる。(5) 左内は、前年の一一月から、町奉行にて、二回尋問を受けており、この年に入ると、一月から九月までに五回評定所で尋問を受けている。この作品は、そういう緊張した状況の中で作られている。

【この作品前後の作品】左内はこの年に漢詩を二八〇首作った。この年に作った作品は一七一番から四五〇番である。また、この作品の前後の作品を見ると二つ後には「七月三日三就理書懐」、その次には「戊午七夕」とあるから七月頃に製作されたのである。左内が一〇月七日に刑死する二ヶ月ほど前の作品である。

【題意】

謁新田墓、弔源左將公。新田の墓に謁し、源左将公を弔ふ。

新田義貞公の墓に拝謁し、源氏で左衛門督であった公を弔う。

1 白羽長鳴日沒光　白羽長く鳴って日は光を没し、
2 殺氣壓陣飛龍僵　殺気陣を圧して飛竜僵る。
3 鏡囊横胸衷有字　鏡嚢横たわって　胸衷に字あり、
4 曰討賊事一煩卿　曰く　討賊の事一に卿を煩はすと。
5 鼠輩相顧誇斃將　鼠輩相ひ顧みて将を斃すを誇るも、
6 凱歌未作鼓鼙鏜　凱歌未だ作らず鼓鼙鏜たるを。
7 倏懼得非新田公　倏ち懼る　新田公に非ざるを得たるかと、
8 檢出眉間舊痕傷　検出す　眉間に旧痕の傷を。　①」
9 公沒哂年紛論彈　公没して哂年　紛論弾む、
10 或云鬪智鬪勇優劣判　或は云ふ　智を闘はせ勇を闘はせば優劣判ると。
11 馬陵前車知不知　馬陵の前車　知るや知らずや、
12 公也恐輸仁山算　公また恐る仁山の算に輸するを。
13 或云公世將家名族冠　或は云ふ公は世々将家名族に冠たりて、
14 迄斯矢石雨注難　斯の矢石雨注の難に迄ぶ。

靡乃八百紅識笠　乃ち八百の紅識の笠を靡かすも、
不有代主一死漢　主に代はる一死の漢あらずと。②」
噫人死生皆係天　ああ人の死生は皆天に係はる、
成敗論人自古然　成敗人を論ずる　古へより然り。
海枯見底混沌死　海枯れ底を見はれ混沌死し、
是非顛倒天成淵　是非顛倒し天渕と成る。③」
失士獨免非公志　士を失ひて独り免るるは公の志に非ず、
撫下奉上弗貳事　下を撫し上を奉じて事を弐つに弗ず。
故當天子詔召急　故に天子の詔召の急に当たって、
死一而已寧死義　死は一のみ　寧んじて義に死なん。④」
沙陀尙愧主劫遷　沙陀尚ほ愧づ　主の劫遷せらるるを、
何況公家忠貞全　何ぞ況んや公家忠貞の全きをや。
乃弟佶烈子存勗　乃弟は佶烈子は存勗、
曷堪鑾輅屢蹁躚　曷ぞ堪へん　鑾輅しばしば蹁躚するに。
彼哉朱家攫鼠鳶　彼や朱家　鼠を攫む鳶、
鳶生鴟鴞鴞化狿　鳶は鴟鴞を生じ鴞は狿に化す。
九世大盜天所殛　九世の大盗　天の殛する所、

覇圖遂歸公裔賢　　覇図遂に公の裔の賢に帰す。⑤」
安公思祖欽英迹　　安公祖を思ひて英迹を欽み、
紀績記載鐫渚石　　紀績をば記載し渚石に鐫る。
高照道在明綱常　　高く道を照らすは綱常を明らかにするに在り、
兒童走卒識順逆　　児童走卒も順逆を識る。
丕哉吾公承前烈　　丕いなるかな　吾が公前烈を承け、
嚴禁樵采勿狼藉　　樵采を厳禁して狼藉すること勿からしむ。
歲時肅祀擧曠典　　歳時を粛んで祀り曠典を挙げ、
誠心感神神來格　　誠心神に感じて神来り格る。⑥」
微臣髫齔誦公史　　微臣髫齔より公史を誦すも、
今日始來墓下跪　　今日始めて墓下に來って跪づく。
松柏雖奇不北靡　　松柏奇なりと雖も北に靡かず、
碧血繡苔土花紫　　碧血の苔を繍うて土花は紫なり。
年華水逝星霜換　　年華水逝きて星霜換はり、
遺鏃猶時出隴址　　遺鏃猶ほ時に隴址より出づ。
到今風雨凄其夕　　今に到るも風雨其の夕べに凄じく、
土人猶說龍哭起　　土人猶ほ説く　竜哭し起ると。⑦」

49　當時廟議如奔波　当時の廟議　奔波の如く、
50　公輩呑志空蹉跎　公が輩志を呑みて空しく蹉跎たり。
51　叡山誤納姦賊降　叡山　誤って姦賊の降るを納れ、
52　洛陽之幽帝恨多　洛陽の幽帝恨み多し。
53　密詔遙出湧干戈　密詔遙かに出でて干戈湧く、
54　公也雖忠如天何　公や忠なりと雖も天を如何せん、
55　嗚呼公也雖忠如天何　ああ公や忠なりと雖も天を如何せん。⑧」

【押韻】七言古詩。全五五句。韻字は以下のようになっている。①1～8句、光、僵、將、鏜、傷（平聲陽韻）。4句の卿は平聲庚韻で韻をふまない）。②9～16句、彈、判、算、冠、難、漢（去聲翰韻）。③17～20句、天、然、淵（平聲先韻）。④21～24句、志、事、義（去聲眞韻）。⑤25～32句、躚、全、躚、鳶、涎、賢（平聲先韻）。⑥33～40句、迹、石、逆、藉、格（入聲陌韻。37句の烈は入聲屑韻で韻をふまない）。⑦41～48句、史、跪、柴、址、起、（上聲紙韻。45句の換は去聲翰韻で韻をふまない）。⑧49～55句、波、跎、多、何、何（平聲歌韻）。

【通釈】　新田義貞公の墓に訪れ、左衛門督であった公を弔う。
1　白い羽の矢が長く音を響かせて飛び、太陽の光はきえふせ、
2　殺気が陣地を押しつぶし、飛ぶ竜のようなあなたを倒した。
3　行動の規範として心の中にしっかりと入っている文字があり、

それは、天皇が「討賊のことはお前に全てゆだねよう。」といわれたこと。
くだらぬ奴等はあい顧みて、大将を倒したと自慢したが、
勝利の歌声は起こらず太鼓の音もまだ聞こえない。
それは彼等が、本当に新田義貞公を倒したのではないのではないかと不安だったからだ、
しかし眉間に旧い傷痕があることが分かりあなたであると知れた。「①」
あなたが死なれて二〇〇年後、論議は紛糾しているが、
ある人は云う、知恵比べをし、勇気の有無を見れば、人物の優劣は判断出来る。
馬陵での史実を教訓として、知っていたのか、知らなかったのか判らないが、
あなたは、恐らくは仁者らしい戦略をとられたのだろう、と。
或る人は云う、あなたは代々武将の頭領となる家系の方である、
それがこのように矢が雨のように降りかかる戦場の苦難に遇われてしまった。
あなたは沢山の紅色の陣笠をかぶった部下達を従えていたのに、
主人に代わって死を引き受けるような男がいなかったとは、と。「②」
ああ、人の生死はすべて天命のいたすところであるのに、
成功失敗にもとづいて人物を論評する。世間の評判とは昔からそうしたものだ。
海底が干上がり底を見るようなるような長い歴史の中では、混沌を死なせてしまうようなくだらぬことがあり、
人間界では正しい事と間違った事がひっくり返り、天が深い渕となるようなことが起こる。「③」

部下を失って自分独りが生き残ることなどあなたの望むことではない、
部下をいつくしみ、天子をあがめることとは二つの別々のことではない。
それ故、天子の命令の実行が難しいときには、
死ぬのは一回だけのこと、安んじて義のために死のうとされたのだ。 ④」
沙陀のような野蛮人ですら、自分達の君主がおびやかされて連れ去られるのを恥じる、
まして、あなたの家系のように忠実貞正で完全な人たちにとっては。
あなたの弟は信烈、あなたの子は存昜のような人が、
どうして天子の乗られる馬車が何度もよろめきながら行き先を変えるのを我慢することができようか。
彼、足利尊氏は、富貴を誇っているが、それは、汚れた鼠を餌とする鳶のようなもの、
鳶はフクロウを生み、フクロウは狸の化け物を生んだ。
そのようにして三〇〇年近くも続いた大盗賊足利家は天に滅ぼされてしまい、
覇者なる計略は、最後にはあなたの子孫である徳川の賢者の手に帰した。 ⑤」
松平光通公は祖先を偲び、そのすぐれた業績をうやまい、
功績と年月を石に刻んで記録された。
その結果、はっきりと道義の存在することに光をあて、人のふみ行うべき道徳が明らかになって、
今では子供や小使いでも忠順と反逆の区別を知っている。
威大なるかな。わが殿春嶽公も先人の事業を受けつがれ、

38　墓地でたきぎをとることを厳禁され、その場所が乱雑にならぬようにされた。
39　年ごとの祭りはうやうやしく盛大な式典が挙行され、
40　真心が神に通い、神霊が降臨される。⑥」
41　不肖私も幼いときからあなたの事蹟を史書で読んでまいりましたが、
42　今日はじめてあなたの墓前に向かい跪き参拝する次第です。
43　周りの松や柏の木は立派な姿をしておりますが、南朝の為に尽くされたあなたにふさわしく、北の方に向かって
靡いているものはありません、
44　墓石には、緑の血のような美しい苔が敷きつめ、地面に咲く花は紫色である。
45　年月は流れる水のように過ぎ去り、時代は移り変わりましたが、
46　当時の鏃が時々今なお畑の中から出ることがある。
47　あなたの命日の夜には、今に至るまでいつも雨風が烈しく、
48　土地の人はそれを竜が泣き声を挙げているのだと語っております。⑦」
49　当時、朝廷の評議は荒れ狂う波のように紛糾し、
50　あなたの仲間は志を抱きつつも挫折の憂き目に遇われた。
51　比叡山におられた天皇は、誤って姦賊尊氏の降伏（和議）を受け入れられた、
52　その結果、京都で閉じこめられた天皇は残念に思われる事が多くなった。
53　秘密の天皇の命令が下り遠方にまで伝えられ、再び戦争になり、

54　あなたは忠義を尽くされたけれども天命はどうにもしようがない、

55　ああ本当にあなたは忠義を尽くされたけれども天命はどうにもしようがない。⑧」

【語釈】

○源左将公―新田義貞は建武中興の際、左兵衛督に任ぜられた。○僵（たおれる）―たおれふす。○鏡嚢（きょうのう）―手本とする袋。○横（よこたわる）―ふさがる。○胸衷（きょうちゅう）―胸のうち。○煩（わずらわす）―めんどうをかける。○鼠輩（そはい）―とるに足りない者。人をののしることば。○凱歌（がいか）―勝利を祝う歌。○鼓鼙（こへい）―攻め太鼓。皷は鼓の俗字。○鏜（とう）―鐘や太鼓などの音。○倏（たちまち）―すみやか。倏は倏の俗字。○皕年―二〇〇年。○馬陵（ばりょう）―地名。河北省大名県の南東の地。戦国時代、魏の将軍龐涓（ほうけん）が斉の孫臏（そんぴん）に敗れて死んだ所。○前車―前車覆後者戒。前人の失敗は後者のいましめになる。○輸（いたす）―つくす。○仁山―未詳。○算―計略。○世（よよ）―代々。○冠―かしら。○迄（およぶ）―いたる。○矢石（しせき）―弓の矢と弩の石。転じて、戦争。○靡（なびかす）―服従させる。○係（かかわる）―むすびつけられる。○混沌（こんとん）―渾沌に同じ。大古の伝説上の帝王の名。「荘子」の応帝王篇第七にある説話。儵と忽と渾沌の徳みに報いんことを謀りて曰く、「人は皆七つの竅有りて、以て視、聴き、食い、息するに、此れ独り有ること無し。嘗試みに之を鑿たん」と。日ごとに一つの竅を鑿ちしが、七日にして渾沌死せり。人間の賢しらの愚かなことをいう。○免（まぬがれる）―のがれる。○當（あたる）―応じる。○寧（やすんじる）―安らかにする。○沙陀（さた）―西域の部族の名。○劫遷（ごうせん）―おびかして移転させる。○況（いわんや）―まして。況は况の俗字。

○忠貞―真心が厚く正しい。○全（まったい）―きずがない。○乃弟（だいてい）―なんじの弟。○吉烈（きつれつ）―人名。邀佶烈。後唐の明宗のこと。○存勗（そんじょ）―人名。勗は勖の俗字。○曷（なんぞ）―どうして。反語の助字。○堪（たえる）―がまんする。○鑾輅（らんろ）―天子の乗る馬車。○蹁躚（へんせん）―よろめき歩くさま。○朱家―富貴の人の家。○攫（つかむ）―つかみとる。○鵋鶀（しきょう）―①ふくろう。②凶悪な人のたとえ。○鴞（きょう）―鵋鶀に同じ。○狿（えん）―獣の名。たぬきに似ている。○殛（ころす）―罪を責めて殺す。○覇圖（はと）―諸侯の旗がしらとなるはかりごと。○裔（えい）―子孫。徳川家の家伝では新田氏の子孫ということになっている。○安公―未詳。万治三年（一六六〇）義貞公戦死の遺跡に碑を建てた福井藩主松平光通を指すか。○欽（つつしむ）―うやまう。○英迹（えいせき）―すぐれた仕事のあとかた。迹は跡の本字。○紀績（きせき）―かなめのてがら。○鐫（ほる）―ほりつける。○渚石（しゃせき）―みぎわの石。○綱常（こうじょう）―人のふみ行うべき道徳。○走卒―走り使いするしもべ。○丕（おおきい）―盛大である。○前烈（ぜんれつ）―先人の事業。○樵采（しょうさい）―たきぎをとる。○狼藉（ろうぜき）―とり散らかって乱れる。○歳時（さいじ）―年ごとのまつり。○肅（つつしむ）―うやうやしくする。○曠典（こうてん）―大きい儀式。○來格（らいかく）―まつりのとき、神霊が祭場にやってくる。○微臣（びしん）―地位の低い家来。自分をけんそんしていうことば。○髫齓（ちょうしん）―童子。○墓下（ぼか）―墓のそば。○跪（ひざまずく）―ひざまずいて拝む。○繡苔（しゅうたい）―美しいこけ。○土花（どか）―地上の花。○年華（ねんか）―年月。○隴址（ろうし）―はたけとなっている跡地。○凄（すさまじい）―きびしい。○哭起（こくき）―泣き声をあげる。○廟議（びょうぎ）―朝廷での議論。○奔波（ほんぽ）―勢いよく打ちよせるなみ。○蹉跎（さた）―思うにまかせない。○密詔（みつしょう）―秘密の天子の命令。○干戈（かんか）

――戦争。

【余説】

六一番の詩に詠うように、嘗て新田義貞の墓を訪れたときのことを回想しながら、志半ばに倒れた義貞の運命を自分の現状に重ねて詠っている。換韻の箇所を区切りとして八解の内容を要約する。

① 義貞の心中にあったのは天皇の言葉であるという指摘と戦死の時の状況（義貞公の悲惨な最期の状況）。

② 義貞の死後、その死に方についての議論があり、その評価についての意見（義貞公への同情）。

③ 人間の生死は天命による。評価は人物の成功、失敗に基づいてなされる。だからおかしい（義貞公に対する評価への疑問）。

④ 義貞は義のために死んだ（義貞公の態度は潔い）。

⑤ 義貞一門の行為は正しかった。そして、覇者の計略は子孫である徳川家によって達成された（義貞公の正義は勝った）。

⑥ 徳川家が義貞の祭儀を厳修している（この処置は正しい）。

⑦ 今日はじめて墓に参拝した。命日の夜には雨風が激しいと土地の人は竜が泣いているという（義貞公の無念さが思われる）。

⑧ 当時、朝廷の評議は紛糾し、残念なことも起こった。そして、密命が伝えられて戦争になった。義貞は忠義をつくしたが天命はどうしようもなかった（義貞公は人事を尽くされた）。

三、伝記資料と「謁新田墓、弔源左將公」との対比研究及びその特徴

三―一、伝記資料

この「謁新田墓、弔源左將公」の詩だけを対象にした研究は見当たらない。そこで、先に出典の箇所で挙げた四書と新田義貞のまとまった伝記資料である以下の三書を見てみる。

①【太平記】四〇巻。作者は小島法師説が最も有力。いくつかの段階を経て応安（一三六八～一三七五）―永和（一三七五～一三八二）の頃までに成る。

②【日本外史】頼山陽著。漢文体。二二巻。文政一〇年（一八二七）成り、一二年刊。巻六、「新田氏正記」の項。

③【大日本史】徳川光圀の撰。三九七巻。漢文の紀伝体。明暦三年（一六五七）史局を設けて着手、光圀没後も編集を続け、明治三九年（一九〇六）に完成。南朝を正統とする。なおこの書は、幕末の勤王思想に多大の影響をあたえた。左内が完成部分を見る機会があったかどうかは分からないが、漢文体の文献であるので一応検討しておく。巻一七二　列伝第九九「新田義貞」の項。

三―二、対比研究

そこで、左内の「謁新田墓、弔源左將公」（～一八五九作）、を中心にしてこの作品の記述に沿って、書物の成立順に、『太平記』（～一三八一成立）、『日本外史』（～一八二九刊）、『大日本史』（～一九〇九完成）、との対照を試みる。そして、特に、語句の形、ないしは出典の説明が必要であると思われる語句については注記を付ける。その際に、『藜園遺草』

を「藜園」『太平記』を「太平」、『日本外史』を「外史」、『大日本史』を「大日」と略称して記す。

三―二―一、本文の出典

（題名）謁新田墓、弔源左將公・・「藜園」には「墓」の下に「歌」の一字がある。新田義貞は建武中興の際（一三三三年五月）、左兵衛督に任ぜられた。

（1句）白羽長鳴日光没・・白羽は「太平」にみえる。後出の（5～8句）参照。「日本」に「有白羽箭。中其眉間」とある。

（3句）鏡嚢横胸中有書・・「藜園」には「中」が「衷」に、「書」が「字」になっている。鏡嚢は鏡を入れる袋。「外史」の「檢尸錦嚢書辭曰討賊之役朕一煩卿」に拠った。また、百は二百だとすれば、公没して二〇〇年となるから、これは外史の賛に言う「二百年の後、足利氏に代りて興る者は新田の遠裔に出づ」と論旨が一致すると思われる。

（4句）曰討賊事一煩卿・・「太平」巻第七「新田義貞賜綸旨事」に見える。後醍醐天皇の綸旨。また、「太平」巻第十六「西国蜂起官軍進発事」等で触れている。「外史」に「書辭曰。討賊之役。朕一煩卿。蓋帝手書」とある。

ここは「外史」の表現が似ている。

（5句～8句）鼠輩相顧誇夔將、凱歌未起鼓聲鎧、倏恐或非新田公、檢出眉間舊痕傷・・「藜園」には第六句の「起」は「作」に、「聲」は「鼙」に作る。第七句の「恐」は「懼」に作る。「太平」巻第二〇の「義貞自害事」に「中野藤内左衛門ハ義貞ニ目加シテ、「千鈞ノ弩ハ為鼷鼠不発機。」ト申ケルヲ、義貞キキモアヘズ、「失士独免ルルハ非我意」ト云テ、尚敵ノ中へ懸入ント、駿馬ニ一鞭ヲススメラル」とある。また、続く文章に「（義貞）起アガラントシ給フ処ニ、白羽ノ矢一筋、真向ノハヅレ、眉間ノ真中ニゾ立タリケル」とある。第八句は氏家重国が義貞の首と分かった記述の内容である。

鼠輩とは、とるに足りない者。人をののしる言葉。『太平記』では随所で使われている。

(9句) 公沒百年紛論彈・・「藜園」には「百」は「皕」に作る。「皕」だとすれば、公没して二〇〇年となるから、これは「外史」の賛に言う「二百年の後、足利氏に代わりて興る者は新田の遠裔に出づ」と論旨が一致するように思われる。

義貞は一三三八年七月に戦死。左内がこの作品を作ったのは一八五九年七月と見られる。この間に五〇〇年がたっている。一〇〇年というのは、「一〇〇年後から」の意味か。

(10句) 或云闘智闘勇優劣判・・「景岳詩文集」以外は「云」を「曰」に作る。

(11句) 馬陵前車知不知・・馬陵は地名。河北省大名県の南東の地。戦国時代、魏の将軍龐涓（ほうけん）が斉の孫臏（そんぴん）に敗れて死んだ所。前車・・前車覆後者戒。前人の失敗は後者の戒めになる。

(12句) 公也恐輸仁山算・・「藜園」には「仁」を「仙」に作る。輪は、いたす、つくす。算は計略。「仁山の算に輸する」については、広瀬旭荘の作品に、新田公を主題にしたものがある。ここには「又不見仁山覇図今寂寥」とあり、仁山算、仁山覇図が相通じる。義貞を山のように動かざる仁者としてとらえ、仁山即ち義貞、その義貞の計画がならず、今寂寥と言うのであろうか。景岳の字句はその上に公也恐るとあるから、仁山＝義貞も成り立ち難く思われもする。諸賢のお教えを待つ。

(13句) 或云公世將家名族冠・・「景岳詩文集」以外は「云」を「曰」に作る。「太平」巻第七「新田義貞賜綸旨事」

に「上野国住人新田小太郎義貞ト申ハ、八幡太郎義家一七代ノ後胤、源家嫡流ノ名家也。（中略）当家ノ門楣トシテ、譜代弓矢ノ名ヲ汚セリ」とある。

（14句）迄此矢石雨注難～（16句）不有代主一死漢・・「藜園」には「此」を「斯」に作る。「太平」「義貞自害事」に「此時左中将ノ兵三万余騎、皆猛ク勇メル者共ナレバ、身ニカハリ命ニ代ラント思ハヌ者は無リケレ共、小雨マジリノ夕霧ニ、誰ヲ誰トモ見分ネバ、大将ノ自ラ戦ヒ打死シ給ヲモ知ラザリケルコソ悲ケレ」とある。

（15句）「八百の紅笠に識す」は「外史」の「天子親臨勞軍剪所御紅裳分賜之以爲笠識」「紅笠識者八百騎來救之」に拠る。

（16句）文脈の流れからすれば、「外史」の今荘浄慶と義顕とのやりとりを彷彿とさせる。

（17句）人死生皆係天、「外史」は最後に賛して言う「余義貞の手記を見るに――聴運於天勿尤人也」あるいは「其の死する時なほ錦嚢の詔書を佩ぶるを観れば、その国に報ずるの志、百敗挫けざるを見る。――義貞の聴運於天其以此邪」が参考になる。

（19句）混沌・・渾沌に同じ。太古の伝説上の帝王の名。『荘子』応帝篇第七にある説話。儵と忽と混沌の徳に報いん事を謀りて曰く、「人は皆七つの竅有りて、以て視、聴き、食い、息するに、此れ独り有ること無し。嘗試みに之を鑿たんと」日ごとに一つの竅を鑿ちしが、七日にして混沌死せり。（もと漢文）人間の賢しらの愚かなことをいう。

（21句）失士獨免非公志・・（5～8句）に引用した句を参照。ここは「太平」の「義貞自害事」の句をふまえる。また、「大日」に「從兵中野宗昌目義貞曰、千鈞之弩、不爲鼷鼠發機、義貞曰、棄衆獨免、非吾意也」（魏志、杜襲伝）とある。「大日」は太平記の文章を漢文にしているようである。

（25句）沙陀尙愧劫主遷・・「蔾園」には下三字を「主劫遷」に作る。沙陀は西域の部族の名。

（27句）佶烈は邈佶烈即ち後唐の明宗のこと。「外史」の「新田足利之兵走猶朱李之於唐季義貞忠勇勝於克用而義興等英邁不讓存勗覆滅汴梁而――義貞祈山靈以其子孫再起滅賊又猶邈佶烈祝天願生眞主安天下也」を踏まえている。また、弟・・義貞戦死直後の脇屋義助の行動は「太平」巻第二〇「義助重集敗軍事」にある。

（30句）鳶生鴟鴞鴞生狴・・「蔾園」には下の「生」を「化」に作る。鴟鴞は①ふくろう。②凶悪な人の譬え。この句の典拠は未詳。

（31句）九世紀の大盗とは誰を差すか。

（32句）覇圖遂歸公裔賢・・覇図、諸侯の旗頭となるはかりごと。裔、子孫。徳川家の家伝では新田氏の子孫ということになっている。また、『新田義貞公と時衆・称念寺』の「三、新田義貞公の御遠忌法要」には、次の記述がある。

徳川氏が新田の遠孫であると称するようになったのには、次のようなわけがある。／時宗の遊行四八世賦国上人の著作『芝崎文庫』（元禄一五年・一七〇二年八月成立と思われる）の中の一節「松平之家譜之事」の中に次のことが書いてある。／「徳川元祖次郎義季の末になる世良田三郎満義が、義貞に一味して尊氏と戦ったが敗れたので、新田郡徳川郷に住し、満氏の子正義、その子親季、その子有親と三代が幽閑の体で処々に蟄居していた。その中、永享の乱（足利六代将軍義教と鎌倉公方持氏との戦）の後、義教は新田の末葉を捜し出して殺害した。徳川も新田の一類であるとして、追手がかかってきた。そこで、親季父子は遊行一六代南要上人の会下に入って時衆になり、流浪して三河国松平に至った」という。

（33句）安公思祖欽英迹・・『忠勇義烈　新田精神』にはこの句に「福井藩主大安公爲公建碑」と注を付けている。安公は、万治三年（一六六〇）義貞公戦死の遺跡に碑を建てた福井藩主松平光通を指す。

（34句）記績紀年鐫渚石・・「藜園」と「景岳詩文集」とは同じく「紀績記載鐫渚石」に作る。

（37句）吾公・・『忠勇義烈　新田精神』にはこの句に「謂春岳公」と注を付けている。左内の主人・松平春嶽を指す。

（38句）嚴禁樵采勿狼藉・・「藜園」には「採」を「采」に作る。

（42句）今日始向墓前跪・・「藜園」には「前」を「下」に作る。

（46句）遺鏃時或出隴址・・「藜園」には「時」を「猶」に作る。

（49句）廟議・・朝廷での議論。

（50句）公輩抱志空蹉足・・「藜園」には「抱」を「呑」に作る。

（51句）叡山誤納姦賊降・・比叡山におられた天皇は、誤って姦賊尊氏の降伏（和議）を受け入れられた、

（53句）密詔遙下湧干戈・・「藜園」には「下」を「出」に作る。密詔、秘密の天子の命令。

（54句・55句）・・「藜園」には「奈」を「若」に作る。義貞に「嗚呼公や忠なりと雖も天を如何せん」というのは、左内が自らの悲運に思わず吐いた言葉であるともいえる。

三―二―二、『太平記』中の記事で特に取り上げない記事

『太平記』巻二〇には義貞が戦死するであろうとの予兆の記事、及び義貞に対して批判的な記事が見える。列挙す

る。

（1）「黒丸城初度軍事」

○「足利尾張守高経、猶越前ノ黒丸城ニ落残ッテヲハシケルヲ、攻メ落サデ上洛セン事ハ無念ナルベシト、詮ナキ小事ニ目ヲ懸テ、大儀ヲ次ニ成レケルコソウタテケレ」＊小事に拘泥して兵機を失ったことを指摘している。

○義貞軍の家来は敵を侮ったことから、足羽の合戦に三度負けている。「後漢の光武帝言葉」を引き「理ナリト覚タリ」と結んでいる。＊義貞の家来が敵を侮った軽率さを指摘している。

（2）「越後勢越越前事」

○越後勢が今湊で逗留したとき「神社仏閣ニ打入テ、仏物神物ヲ犯シ執リ、屋屋ヲ追補シ、資財ヲ奪取法ニ過タリ。（平家物語・貞観政要の言葉を引き）「此軍勢ノ悪行ヲ見ニ、其の罪若一人ニ帰セバ、大将義貞朝臣、此度ノ度ノ大功を立ン事如何アルベカラント、兆前ニ機ヲ見ル人ハ潜ニ是ヲ怪メリ」＊味方の軍に規律を守らせられない義貞に疑問を提出している。

（3）「義貞夢想事付諸葛孔明事」

○「義貞の見た夢」について、「諸人ゲニトモ思ヘル気色ナレドモ、心ニイミ言に憚リテ、凶トスル人ナカリケリ」「大日」でも「吾未知其爲吉也」と記す。＊斎藤道献は不吉と見ていた。

（4）「義貞馬属強事」

○馬が暴れて左右についた舎人が踏まれて半死半生になった。足羽河を渡すとき乗った馬が俄に河伏をした。人々は「心中ニアヤフマヌハナカリケリ」であったという。＊不吉の予兆であると思っていたのである。

（5）「義貞自害事」

○　義貞の死後。漢の高祖、斉の宣王の例を挙げ、中国の句を挙げて、「此人君ノ股肱トシテ、武将ノ位ニ備リシカバ、身ヲ慎ミ命ヲ全シテコソ、大儀ノ功ヲ致サルベカリシニ、自ラサシモナキ戦場ニ赴テ、匹夫ノ鏃ニ命ヲ止メシ事、運ノ極トハ云ナガラ、ウタテカリシ事共也」という。＊義貞は情けない、気の毒なことだと言っている。

これらの記事を左内の作品は一切詠わない。

三―三―三、対比研究の結果明らかに出来た特徴

一、『日本外史』『大日本史』は、『太平記』を主な典拠として記述している。『太平記』の記事の要点を漢文にしたという印象を受ける。

（一）、『日本外史』よりも『大日本史』の方が記述が詳しい。これは、書物全体の容量の違いと使用した文献に関係があると思われる。

（二）、左内の作品では、『日本外史』『大日本史』等の漢文の歴史書に拠ると思われる箇所は、指摘したように「外史」にかなり見られる（左内が作品制作の際に、二冊の漢文の史書を見ていたとすれば、漢文の簡潔な表現は十分に参考にしたとは思われる）。

二、左内の作品は、『太平記』『日本外史』を主な典拠として制作していると見られる。

（一）、左内の作品は、主に新田義貞の最後の場面の出来事を、漢詩という形式にはめ込むために、『太平記』の記述を整理し、同時に自己の見解を盛り込んでいる。その特徴は、

①　合戦の場面、は載せない。
②　場面の描写をしたり、左内自身の感慨を述べるためにかなり多くの句を創作している。
③　前に挙げた『太平記』に記すような「義貞戦死の予兆、戦死した義貞を批判する記事」は詠わない。
④　義貞の弁護に力を注いでいる。
⑤　26句以下は義貞を讃え、足利尊氏を非難し、徳川家をほめている。
⑥　義貞（南朝方）を支持する。
(二)、中国の故事（11・12句）（19・20句）（25句）などを用いて作品に厚みを増している。
(三)、内容が変わる毎に八回換韻をしている。

結　言

①　左内は、以前に称念寺を尋ねたときのことを思い浮かべた。そして、『太平記』の記述に触発され、新田義貞の運命に自分を重ねて、この作品を書いたと考えられる。
②　『太平記』は、記述事項が煩多である。そこで、左内は、記述内容の整理と選択をし、自己の意見を盛り込み、漢詩という形式に纏めた。
③　押韻の工夫をし、漢詩として緊張感とまとまりのある作品に仕上げた。
④　表現された詩句からは義貞に対する同情と尊王思想が窺われる。節に殉じる義貞に共感し、非業の最期を遂げたことについては同情を示し、「天命である」として、太平記の記事に見られるような様々な非難に対しては弁

護する姿勢をとっている。そして徳川幕府・松平家が義貞の墓所等を大切にし、忠義を尽くした者として配慮していることを強調している。

⑤　左内は松平家（徳川家の系統）に仕えている。徳川家が新田家の系統を継ぐとする以上は、この作品でも新田方支持の立場を表現することは当然である。そこに、この作品の思想的立場がある。

『太平記』は年月を経るにつれて史書としての評価が高まって、後代に大きな影響を及ぼした。(6) 左内は、その思想的な影響の中でこの作品を作ったということが出来る。しかし、左内の思想は、『太平記』そのものの影響というよりは左内の置かれている身分・立場から来ているものが強いと考えられる。

なお、義貞を忠義勇烈の士としてあがめる傾向は、第二次大戦の終結まで続くのである。

また、畏友・故平泉浤祥氏（元、勝山市立図書館長）は嘗て以下のように言われた。

「そもそも景岳先生は山陽外史に対しては、いはば熱烈なファンともいふべく、心酔してをられたふしがあります。それは、例へば半井仲庵宛の書状に「山陽翁の真蹟七絶を購求した。一幅は春嶽公に供するものであり、一幅は自蔵するものであるが、それを贈る。代予愛護焉」と言ってゐます。また「山陽翁の軸は贋ものが多いが、時々臨模してみたところこれは純然たるものだ」とも言ひ、山陽の書についての研究をものしたいとも言ふのでありますから、それ相応の深い思ひいれがあったと察せられます。従ってこのやうに心酔してをられたからには、日本外史も十分に消化されてゐたとして間違ひはなく、義貞を評価するに、あまりポピュラーではない佶烈や存朂が登場するのは偶然の一致とは言ひがたいと存じます」と。

これは参考にするべき見解の一つのであると思う。

【注記】

（1）『角川新版ワイド版日本史事典』麻生・宇野・田中編、角川書店、一九九七年九月一日発行。八一三頁を引用。
（2）作品番号は前川幸雄と藤井正道とが、一九八六年一〇月から一九九〇年一二月にかけて「景岳詩文集」の「漢詩」の勉強会をした時に付けた。一番から四五〇番までである。
（3）『若越墓碑めぐ里』石橋重吉著、歴史図書社、昭和五一年九月三〇日発行（復刻版）。一九八～二〇〇頁に石碑の記事あり。
（4）『新田義貞公と時衆・称念寺』、梅谷茂樹著、新田公六五〇年忌墓前祭奉賛会、昭和六二年六月二八日発行。
（5）作品の制作年代は、作品の題名、及び、題名に付けられている注記に拠っている。
（6）『日本古典文学大辞典』岩波書店、第四巻　一九八四年七月二〇日　第一刷　発行。二一一頁参照。
「『大日本史』や『日本外史』を貫く大義名分論的歴史観によって解釈された。『太平記』は、幕末の尊王論に影響を及ぼし、更にその後の国家主義的精神の振興に利用されるところとり、第二次世界大戦の終結まで続くことにな」った。

（附記）左内の作品でこれと似た傾向の作品は、「鷹巣山懐古、弔畑将軍」である。これについて筆者は左の小論文を発表した。

前川幸雄著、「橋本左内作「鷹巣山懐古、弔畑将軍」小考」、福井大学言語文化学会『国語国文学』第四四号、平成一七年三月。

これは、本書に収めた。


【使用文献】

①『藜園遺草』上・下　橋本紀・伯綱著、橋本綱維・綱常編　玉巖堂　明治三・一八七〇年七月　明治四・一八七一年一月刊。
②橋本左内著・景岳会編『橋本景岳全集』（上・下）の復刻版　歴史図書社　昭和一四・一九三九年七月発行。
③『太平記』『日本古典文学大系、34、35、36、』昭和三八年、岩波書店発行。
太平記　一、二　後藤丹治・釜田喜三郎　校注、
太平記　三　後藤丹治・岡見正雄　校注、
④源（徳川）光圀著『大日本史』列伝（六）（義公生誕三百年記念会）・大日本雄弁会　昭和四年一月二十日発行。
⑤頼山陽著『日本外史』（校正日本外史）田中太右衛門、頼久太郎　明治三一年三月二〇日　第七刻発行。

二〇〇五年八月一〇日記。

二〇一八年五月末日補訂。以上。

『景岳詩文集』所収詩制作年代別・詩体別作品番号一覧表

年	年齢	言	今体詩（五言詩・七言詩） 4句	合計	今体詩（五言詩・七言詩） 8句	合計	古詩（楽府等） 4・7・6句以外	合計	総合計	（通番）
嘉永3・4年（1850・51）庚戌・辛亥	17・18歳	五言		0	20	1		0	1	（1〜20）
		七言	2〜12 15〜19	16	1 13 14	3		0	19	
		合計		16		4		0	20	
5年（1852）壬子	19歳	五言	22 23	3	39	1		0	4	（21〜39）
		七言	21 24〜26 29 31〜37	11	27 28 30 38	4		0	15	
		合計		14		5		0	19	
6年（1853）癸丑	20歳	五言	42	1	48 49	2		0	3	（40〜63）
		七言	40 45 46 47 50〜53 55 56 58 60〜62	13	41 43 44 54 57 59 63	7		0	20	
		合計		14		9		0	23	

嘉永元年（1848）戊申以前	
少年期	
七言	
1 2 3 4 5 6	4句
（6）	

5年(1858) 戊午				4年(1857) 丁巳			3年(1856) 丙辰			2年(1855) 乙卯			安政1年 (1854) 甲寅		
25歳				24歳			23歳			22歳			21歳		
合計	六言	七言	五言	合計	七言	五言	合計	七言	五言	合計	七言	五言	合計	七言	五言
		96 99 105〜115 119〜136 139 140 143 145 164 165	147 148 149 150 151		87〜93			73 75 76 78〜86			71 72			64 65 66 68 69 70	
42	0	37	5	7	7	0	12	12	0	2	2	0	6	6	0
		97 98 100〜102 116〜118 137 138 141 142 144 146 156 157 160〜163 168〜170			94 95									67	
23	0	23	0	2	2	0	0	0	0	0	0	0	1	1	0
	(4) 103 104	(16) 158 (22) 152 〈雑言〉 (29) 159 (56) 167	(16) [153 155] 〈排律〉 (38) 154 (60) 166					(16) 77	(28) 74						
10	2	4	4	0	0	0	2	1	1	0	0	0	0	0	0
75	2	4	9	9	9	0	14	1	1	2	2	0	7	7	0
(96〜170)				(87〜95)			(73〜86)			(71〜72)			(64〜70)		

総合計	安政6年(1859) 己未		
	26歳		
	合計	七言	五言
		173 174 179 180 182～193 197 198 201～203 208 212～225 235～241 243～247 250 255 258～267 272～275 277～296 304～306 308 325～329 348～350 356～367 386 387 391 392 417～420 423～426 432～438 444 446～450	
248	134	134	0
		171 172 175～178 194 195 [205 206] 〈古詩〉226～234 248 249 251～253 256 257 268～271 276 297～299 302 303 307 310～324 330 336～338 353～355 370 379～384 388～390 393～396 [402 403 404] 〈古詩〉 421 422	181 340 385 442 443
127	83	78	5
		(6) 199 (10) 200 [332] 〈楽府〉 (12) 209 (14) 335 (16) 369 (18) 207 342 351 (22) 334 341 (24) 301 (28) 254 331 (30) 371 (31) 445 (32) 440 (36) [242] 〈排律〉 (38) 378 (40) 333 368 439 [441] 〈楽府〉 (44) 204 (46) 210 (55) 377	(6) 339 347 414 (10) 373 374 409 (12) 405 415 (14) 345 406 407 410 427 (16) [300] 〈排律〉 398 408 411 428 429 (18) 344 399 400 401 412 413 430 431 (20) 196 309 376 397 (22) 346 (28) 372 (38) 352 375 (40) 416 (44) [211] 〈排律〉 (66) 343
75	64	26	38
450	281		43
(171～450)			

十一「小笠原長守著『團欒餘興』」研究

一、序言

二〇〇五年一〇月、古書目録で「『團欒餘興』編輯兼発行者・小笠原長育」という小さい漢詩集を見つけ、購入した。小笠原長育とは勝山藩第八代の長守公の子息である。勝山藩関係者にこのような漢詩集があったことは、寡聞にして知らなかった。そこで、この漢詩集について調査研究したことを報告したいと思う。

二、『團欒餘興』の体裁

詩集の寸法は縦一四・三ミリメートル、横九センチメートルである。（掌中本）
以下に書物の構成を順に説明する。なお、漢詩文には前川が書き下し文をつける。
①表紙・・左端に寄せて幅一・五センチ、丈一〇・五センチの一重の黒い線の枠の中に「團欒餘興」とある。文字は一センチ平方の大きさである。その下に八ミリ平方の大きさの字で、「菁々題籤」とあり、その左下に朱印（楚涯）が押されている。「菁々」「楚涯」は勝山藩（第九代目に当たる）小笠原長育氏の号である。
②扉・・〇・五ミリの線で三・五センチ平方の枠の中に「名長守、字伯高、号化堂」という三行書きの朱印がある。これは長育の父・第八代小笠原長守公の印である。
③五言絶句・・冠冒印（白印）「人世三十過、天恩幸未貧、團欒言迎歳、呆笑一家春。庚寅春初男毓題（白印）」「人

世三〇をば過ぎ、天恩幸いにして未だ貧しからず。團欒して言〈ここ〉に歳を迎へ、呆笑す一家の春。庚寅の春の初、男毓題す（白印）」が二頁にわたって記されており、梅花が描かれている。なお、庚寅とは明治二三年・一八九〇年である。冠冒印は読みがたい。「毓」は「育」の意味を持つ別字で、「いく、そだつ、はぐくむ」の意味がある。長守の嗣子・長育のことである。もう一つの白印は「源育」と読める。

④白印・・四ミリ幅の飾り罫で、二・一センチの四角の枠の、中に「賜問堂」の三字の白印が中央に押されている。右側は賜問の二字、左側は堂の一字が右側の二字分の丈で入っている。この頁全体の枠も飾り罫である。

⑤本文の頁の様式・・・本文は、縦一一・二センチメートル×横七センチメートルの単線の枠の中にある。右上に「團欒餘興」と大きく記し、次行の下辺に「化堂老人漫興」とある。次の行に、「庚寅新正雜吟」という六字が記されている。「化堂老人」とは第八代小笠原長守公のことである。庚寅は明治二三年である。

以下、単線の枠の中に、各頁九行で漢詩が記されている。

漢詩は全て五言絶句で、全部で三〇首である。第一首から順に作品番号を付けた。その過半数の1、3、4、5、6、7、8、10、11、12、18、19、22、24、28、30番の作品の後ろに「一六居士曰」として、批評の句がある。

⑥跋・・本文の後に二頁にわたって七言絶句が記されている。これが跋である。「東風又是入都門、先捧春盃拜至尊、〇素慚無報清世、半生衣食皆天恩。長育拜跋」（「東風又た是れ都門に入り、先づ春盃を捧げて至尊を拝す。〇素は清世に報ゆる無きを慚ず、半生の衣食は皆天恩なり。長育拜し跋す」と）

長育は（第九代）小笠原長育である。

⑦白印、朱印・・一・三センチ角の、白印と朱印が七言絶句の後にある。

⑧書者と印・・最終行に「楓巷信奉命書（印）」（「楓の巷の信、命を奉じて書す（印）」）という文字と印がある。印は「信」か。

⑨奥付・・奥付は左記のようになっている。

明治二三年一月四日印刷　非売品
同日出版
　　　　編輯兼　小笠原長育
　　　　発行者　牛込区北町十三番地
　　　　印刷者　梅村翠山
　　　　　　　　神田区柳原河岸
　　　　　　　　廿号地

三、著者及び編集者兼発行者について

三―一、著者・小笠原長守公について

著者の、小笠原長守とは、勝山藩（現在の福井県勝山市）の勝山藩初代小笠原土佐守定信より数えて、七代目藩主長貴公の息子である（小笠原家初代小笠原相模守長清より数える場合には長守は二八代にあたる）。その経歴と編集兼発行者の小笠原長育氏の記録を『勝山藩古事記』によって記す。

【弐拾八代】小笠原左衛門佐従四位長守公

心源院公殿太巌義秀大居士　江戸邸（日本橋区浜町）に天保四年（一八三三）生まれる。幼名は土用犬丸。天保一一年（一八四〇）庚子五月、父長貴の遺封を襲ぎ、従五位下左衛門佐に叙任す。弘化四丁未年関東川々筋修補に付き献金を命ぜらる。嘉永三年早々警備の必要を覚り野砲を鋳造す。越へて三年米使渡来、文久二年三月従来の長浜流を改め、兵制を蘭式に則る。この年六月より翌年六月まで、米使の宿所麻布区善福寺を警固し、慶應元年乙丑一二月には京都、嵯峨、太秦辺を護衛し、翌二年六月京師御守衛を命ぜられ、一〇月西洞院、四条、西四辻、沢、の四郷を護衛、同二九日参内天杯を拝受す。同三年兵制を英式に改め、竹田街道を警め、翌春鳥羽伏見戦争の際には大和の闇峠に兵一小隊を出し、明治元年九日、京都九門内巡邏を勤め、一一月敦賀を警衛し、且つ弾薬弐万発を致して、東北の征戦を助く。同二年六月二三日、勝山藩知事に任ぜられ、同一〇月東京幸橋御門を警衛し、翌年東京府に転籍、同四年藩知事を免ぜらる。明治六年五月致仕、従四位に陞叙。同二四年（一八九一）七月二四日御病没、寿五八歳、浅草海禅寺に葬る。

公字は伯高、化堂と号す。九龍、古菱、百忘皆其の別号なり、御性酒々磊々世事を省みず、常に風月を楽しみ、詩を賦し俳句を詠じ、以て其の心情に寄す。又書画を善くし、書は殊に楷書、画は墨竹に妙を得、且つ又幼より天稟音律に聡にして碧石糸竹、一として自ら成らざるはなし。老いて益々風流に遊び、小野湖山（1）、岡本黄石（5）、巖谷一六（2）、日下部鳴鶴（3）等諸老輩の間に往来し、都下文人詞客の筵会等には列せざるはなかりき。公壮年より酒を愛し、時々徹宵豪飲せらるるなどあるも、翌日宿酔の何たるを知らず、端然正座平素の如く執政されしと云ふ。実に飲んで乱に到らずの聖風あり。晩年詩作を好み、自書せし詩稿数一〇〇巻に至るあり（今尚柳生子爵家にあり）。（以下省略）

三―二、編集兼発行者小笠原長育氏について

【弐拾九代】正四位東宮侍従子爵小笠原長育公

天倫院殿全真長育大居士　安政六年一一月二八日御生誕。小笠原家二九代正四位小笠原長育公は、明治六年父君長守公致仕の後を継ぎ、同一五年六月福井県準奏任御用係に任じ、翌年二月修史館準奏任御用係に転じ、同一七年八月子爵を授けられ、同一九年一〇月明宮殿下へ勤務仰付けられ、同二〇年一一月東宮侍従に（大正天皇）任ぜられ、常時左右に奉仕す。公亦北陸鉄道敷設に関し、大に尽力せられ、北陸鉄道の恩人として或る斯界の書に見ゆ。公人為温厚篤実、賢明の君子人にして、書画を好まれ、初め書を林雪蓬[4]に、後巖谷一六[2]に学び、其蘊奥を極め、書道の達人として知られ、画は狩野董詮に就かれ、投意妙画の御材ありたり。

嘗て英照皇太后陛下の御前揮毫の命を忝ふして、御感に預かり、御筆留とになられしと伝ふ。公は初め青山北町六丁目に（明治二二年頃）、後ち牛込の御邸に移らる。公侍従在職中　明治二八年一月九日、青山北町の御邸に於て御逝去遊ばさる。寿三七歳。東京浅草海禅寺に葬らる（主治医　山竜堂病院長　樫村清徳　病名腎臓炎）。

[右の訓読文と句読点は筆者・前川が読み易くしたところがある]。

安田仁一郎著『勝山藩古事記』昭和六年五月二〇日発行（著作者、東京府下岩淵町神谷一三一八番地、安田仁一郎。発行者、東京府下岩淵町神谷一三一八番地、勝山藩古事記協賛会）。同書（福井県立図書館所蔵本）である。

三―三、書及び漢詩の師「巖谷一六」並びに「日下部鳴鶴」との交流について

巖谷一六が上京したのは慶応四年（一八六八）頃で、長守公が上京したのが、明治三年（一八七〇）頃である。従っ

て、長守公と巖谷一六との交流は、明治三年以後であろう。
巖谷と日下部は同じところに住んでいたから、長守公と日下部鳴鶴との交流も同じ頃以後に始まったのであろう（以上は『勝山藩古事記』と「巖谷一六年譜」参照）。小野湖山、岡本黄石ともそれ以後に始まったことであろう。

四、本文の翻刻と注釈

小笠原長守公の漢詩作品と巖谷一六の批評は、掲載順に（番号順に）本文を挙げる。その後に、○書き下し文、○押韻、○通釈、○批評の通釈、○語釈をあげる。また、必要に応じて、○考察、○余説を付ける。

庚寅新正雜吟

【題意】明治二十三年、新年正月のさまざまな作品。
庚寅は明治二三年・一八九〇年。新正は新年正月。雑吟はさまざまの詩作品。

（作品番号1）

逍遙安所適　　逍遥し安くに適く所ぞ、
破卯酒顔紅　　卯酒を破り顔は紅なり。
笑見群兒戲　　笑ひて群児の戯るるを見れば、
輕球放曙風　　軽球は曙風に放たる。
一六居士曰亦是舞雨氣象。

一六居士曰く、亦是れ舞雨の気象なり、と。

【押韻】紅、風（平聲東韻）。

【通釈】

ぶらぶらと散歩しどこへ行こうというのか（あてもなく）、卯の刻（午前六時）に樽を開き（飲み）顔は赤らめている。笑いながら群がって遊んでいる子供たちを見かけると、軽い気球は明け方の風の中へ放たれた。

【批評の通釈】

一六居士がいう、これにも、雨乞いの祭りを楽しみ詩を吟じながら帰る、舞雨の雰囲気、趣きがある、と。

【語釈】

○逍遙―ぶらぶらと散歩すること。○卯酒―卯の刻（午前六時）に飲む酒。朝酒。○舞雨―舞雨（雨乞いの祭りに舞楽をする壇）に遊び詩を詠じながら帰る。自然をたのしむ楽しみを言う（論語・先進）。○輕球―風船のことか。

（作品番号2）

雪深村寂々　雪深く村は寂々として、

門徑絶人蹤　門径に人蹤絶ゆ。

得酒春纔動　酒を得て春は纔に動き、

暁寒猶是冬　　暁寒くして猶ほ是れ冬のごとし。

【押韻】蹤、冬（平聲冬韻）。

【通釈】

雪が深く降って、村はひっそりと静かで、
門からの道は人の足跡が絶えている（誰も来ない）。
酒を手に入れて春らしい気分が少し動き出したが、
早朝は寒くてまるで冬のようだ。

【語釈】

○寂々—ひっそりとして、さびしいさま。○門徑—（家から）門に通じる道。

（作品番号3）

初暾紅忽動　　初暾は紅く忽ち動き、
水影映前窓　　水影は前の窓に映ず。
新客知誰早　　新客は誰か早きを知る、
笛聲過大江　　笛の声は大江を過ぐ。

一六居士曰有聲畫趣。

一六居士曰く、声に画趣有り、と。

【押韻】窓、江（平聲江韻）。

【通釈】

出て来たばかりの朝日はみるみる動いて（昇り）、（川面の）水を照らす光は部屋の前の窓に反射し映っている。新年の客は誰が早いのかを知る（がわかる）、（誰が吹くのか）笛の音が大川を通り過ぎていく。

【批評の通釈】

一六居士がいう、この詩の「声（音）が通り過ぎていく」という表現に絵を見るような趣がある、と。

【語釈】

○初暾―出てきたばかりの朝日、初日の出。○水影―水に反射した日の光。○新客―新年の客か。○笛聲―船頭の合図の笛か?・風雅な人の吹く笛の音か?

（作品番号4）

慶辭枉隨俗　　慶の辞には枉げて俗に随ひ、
春句競求奇　　春の句は競って奇を求む。
送迎極多事　　送迎は極めて多事にして、
主人無一詩　　主人に一詩無し。

一六居士曰結作更無不入詩何如。

一六居士曰く、作を結ぶに更に詩に入れざる無きとは何如、と。

【押韻】奇、詩（平聲支韻）。

【通釈】

年賀の挨拶には（形式張った）言い方は止めて一般の言い方に従い、

（詩作の）春の句はあらそって新奇をねらう。

年賀客の送迎にはたいへん用事が多くて、

（主人の）私には一つの詩も作れない始末である。

【批評の通釈】

一六居士がいう、（この）五言絶句を結ぶのに「いっこうに詩に入れざる無し」とはいかなる事か、と。

【語釈】

○慶辭―めでたいことば。年賀の辞。○枉―まげて。○多事―用事が多い。

（作品番号5）

爲嫌狂醉客　　狂醉の客を嫌ふが為に、

早起出村扉　　早に起きて村扉を出づ。

到處春醪好　　到る処に春醪好く、

留連言忘歸。　留連して言《ここ》に帰るを忘る。

【押韻】　扉、歸（平聲微韻）。

【通釈】

ひどく酔った年賀の客（の相手をするのは）嫌なので、早朝に起きて村の門を出る。行くところ行くところで（知人に出会い）春の酒をすすめられて、去りがたく居続けてここにきっかけを失い帰るのを忘れた。

【語釈】

○狂醉―はなはだしく酒に酔うこと。○村扉―村の門か？○春醪―春の濁り酒。○留連―去るにしのびないで、ぐずぐずしているさま。

（作品番号6）

夜暖雪成雨　　夜暖かくして雪は雨と成り、
滴聲鳴後除　　滴る声は鳴りて後に除かる。
不眠間側耳　　眠れずして間々耳を側つれば、
應是釀花初　　応に是れ花を醸すの初めなり。

一六居士曰幽澹可喜。

一六居士曰く、幽澹喜ぶ可し。

【押韻】除、初（平聲魚韻）。

【通釈】

夜になって暖かくなり雪もようが雨降りとなった、

雨だれの滴の音がしていたがその中に音がしなくなった。

眠れないので時々聞き耳を立てると、

正しく春の花が咲く準備をする始まりだ、と気づいたことだ。

【批評の通釈】

一六居士がいう、微かで静かなのは（春が近いからで）喜ぶべき事だ、と。

【語釈】

○幽澹―幽は微かな、ほのかな、澹はやすらか、静かな。

（作品番号7）

倒囊償酒債　囊を倒して酒債を償ひ、

飛筆補詩逋　筆を飛して詩逋を補ふ。

百事今朝歇　百事は今朝歇き、

梅花咲坐隅　梅花は坐隅に咲く。

一六居士曰得意可羨。

一六居士曰く、得意羨む可し、と。

【押韻】逋、隅（平聲虞韻）。

【通釈】

財布を逆さまにして（有り金をはたき）酒屋のつけを支払い、筆を走らせて詩作（原稿）の遅れを取り戻し（送っ）た。諸々の溜まっていたことを今朝は全てなくなり、（ゆったりと）座敷に座ると、坐机の片隅で梅の（鉢の）花が咲く。

【批評の通釈】

一六居士がいう、自由の気分を得ているさまは羨ましいことだ、と。

【語釈】

○嚢―①ふくろ。底のある嚢。②かねいれ。さいふ。○酒債―酒代の借り。酒屋への借金。○詩逋―詩の借り。○歇―やむ、やめる。尽きる。ない、かく。○坐隅―座敷の隅か。○得意―満足して愉快なこと。

（作品番号8）

松竹晴風朗　　松竹に晴れ風は朗らかにして、

往來東又西　　往来す東又西に。

各家三酙酒　　各家に三酙の酒、
晩酔竟如泥　　晩には酔ひて竟に泥の如し。

一六居士曰寫出新年光景畫不能到。

一六居士曰く、新年の光景を写出す、画に到る能わず。

【押韻】西、泥（平聲斉韻）。

【通釈】

松竹梅を飾る正月は晴れ、朝の風は朗らかで、
（年賀に人は）東に西に往き来する。
家ごとに三杯の酒で、
晩には酔が回ってとうとう泥酔している。

【批評の通釈】

一六居士がいう、新年の光景が描かれているが、絵にするところまでには（酔ってしまって）行けていない。

【語釈】

○松竹―松飾りをさす。○各家三酙―家ごとに、駆けつけ三杯という感じで酒をすすめられる様子。○如泥―泥酔のさま。

（作品番号9）

醺來新歳酒　　醺し来る新歳の酒、
乘興着吟鞋　　興に乗じて吟鞋を着け、
欲訪墨江客　　墨江の客を訪はんと欲せば、
一朝晴雪佳　　一朝晴れて雪佳し。

【押韻】鞋、佳（平聲佳韻）。

【通釈】
匂ってくる新年の酒、
興味に誘われて、吟行に行く靴を履く。
隅田川に遊びに来ている人を訪ねようとすれば、
今朝は晴れて雪景色も誠によい。

【語釈】
○醺―①よう、酒に酔う。②におう、酒くさい。○吟鞋―吟行のためのくつ、ということか？○墨江客―隅田川のほとりに遊びに来ている人か？。

（作品番号10）

破臘壁間梅　　臘を破る壁間の梅、
傳春掌裏杯　　春を伝ふる掌裏の杯、

半開兼半酔　半ば開き兼ねて半ば酔ひ、
恰是好詩媒　恰も是れ好詩の媒。
　一六居士曰有此好詩媒所以翩々如湧
　　一六居士曰く、此に好詩の媒有り、所以に翩々として湧くが如し、と。

【押韻】杯、媒（平聲灰韻）。

【通釈】
蝋月を破る壁の間の梅、
春を伝える掌中の杯、
（梅は）半ばは開き半ばは酔い、
まるでよい詩のなかだちのようだ。

【批評の通釈】
一六居士がいう、ここに詩を作るのによい仲立ち（橋渡し）をしてくれるものがある。だから、素早く詩草が湧いてくるかのようだ。

【語釈】
○破蝋―蝋月（一二月）を破る、新年にする、という意味か？○掌裏―掌中。○半開兼半酔―半開は第一句、半酔は第二句のことをいう。○詩媒―詩を作る仲立ち、詩を作るきっかけ。○翩々―①鳥が身軽く飛ぶさま。②すばやいさま。

（作品番号11）

樽酒瓶梅在　　樽酒　瓶の梅在り、
同歡又迎春　　同《とも》に歓び又た春を迎ふ。
詩家生計拙　　詩家は生計拙なきも、
今日未全貧　　今日未だ全くは貧しからず。
　一六居士曰清福如此唯言全貧乎。
　　一六居士曰く、清福此のごとし。唯だ言ふ全くは貧ならず、とか。

【押韻】春、貧（平聲真韻）。

【通釈】
酒樽がある　上に瓶に挿した梅の枝があり、
自分と共に新春を歓び春を迎えて（花が咲いて）いる。
詩人（私）は生計は上手ではないが、
今日現在全くの貧乏という訳ではない（余裕がある）。

【批評の通釈】
一六居士がいう、汚れのない幸福はこの通りである。ただ全く貧乏という訳ではないとか。

【語釈】
○清福—けがれのない幸福。精神的な幸福。○生計—生活をしていくための方法、手段、くらし。生活。

（作品番号12）

千門寒暁寂　　千門寒く暁寂しく、
賀客酒難醺　　賀客の酒は醺い難し。
別有春客在　　別に春客の在る有り、
松筠簇若雲　　松筠簇りて雲の若し。

【押韻】醺、雲（平聲文韻）。

【通釈】

多くの家の門が（閉じていて）寒く、早朝は寂しい、
年賀の客も酒に酔いにくい（寒さだ）。
（ところが）別に春客があって、
松竹に群がっていてまるで雲のようである。

【語釈】

○醺―よう、酒に酔う。（作品番号9）の【語釈】参照。
○松筠―松と竹。転じて変わらぬ節操のたとえ。○簇―①むらがる。むらがりはえる。②あつまる。

【考察】○別有春客在―○春―①うすづく。つく。うすで粟などの穀物をつく。○春客―つく客とは餅つきの客か、松竹をつく雪、の意味か、それとも白い鶴のような鳥か。

【余説】

○松筠簇若雲―松筠に群がっていて・・・、と訳したが、松筠に降っている雪のことかも知れない。

（作品番号13）

垂綸閒日月　綸を垂る閒日月、
隠几別乾坤　几に隠るる別乾坤、
可厭俗家例　厭ふ可し俗家の例、
酔人争賀門　酔人　賀門に争ふ。

【押韻】坤、門（平聲元韻）。

【通釈】
ひまな日々を釣り糸を垂れていたり、
机にもたれかかっていると　まるで別世界にいるかのようだ。
いやで避けたいのは世間一般の人々のやり方だ、
酒に酔った人が年賀の挨拶の門前で争っている。

【語釈】
○垂綸―つり糸をたれる。魚をつる。垂釣。○隠几―机またはひじつきにもたれかかる。○乾坤―天と地。陽と陰。
○俗家―世間一般の人。風雅を解しない人。○賀門―正月を祝う家の門。

（作品番号14）

歳盞坐團欒　　歳の盞に坐して団欒し、
堂中淑氣闌　　堂中の淑気闌なり、
開窓梅有雪　　窓を開けば梅に雪有り、
猶覺暮冬寒　　猶ほ覚ゆ暮冬の寒きを。

【押韻】闌、寒（平聲寒韻）。

【通釈】
年賀の酒盛りに坐って輪のように集まり、
部屋の中には春のおだやかな気が今まっさかりである。
窓を開けると庭の梅の木に雪が降っていて、
やはり晩冬の寒さを実感する。

【語釈】
○歳盞―年賀の酒盛り、年賀会。○團欒―輪のように集まる。親しい者の楽しい会合。○淑氣―春のおだやかな気。
○闌―たけなわ。まっさかり。○暮冬―（旧暦）一二月。

（作品番号15）

賀正塵務客　　賀正の塵務の客、

不扣我柴關　我が柴関を扣かず。
平日如元日　平日も元日の如く、
何須別覓閒　何ぞ須らく別に閒を覓むべけんや。

【押韻】關、閒（平聲删韻）。

【通釈】
年賀のうるさい（俗）務の客は、
我が家の粗末な門はたたかない。（だから）、
平日は元日のようで（用事もなく）、
どうしてことさらに休みを求める必要があろうか（ない）。

【語釈】
○塵務―世の中のうるさい務め。俗務。○柴關―柴で作った門のかんぬき。門のこと。○覓―もとめる。さがしもとめる。

（作品番号16）
醉客三朝興　醉客は三朝に興き、
閒人一日眠　閒人は一日眠る、
笑他浮世俗　他の浮世の俗を笑ひ、

争買福神船　　争ひて福神船を買ふ。

【押韻】眠、船（平聲先韻）。

【通釈】

年賀の酒に酔った客は元旦におき（張り切り）、暇人は一日中寝ている。

そのほかの人の俗世間の風俗を笑いながら、先を争って七福神の乗った宝船を買い求める。

【語釈】

○三朝―元旦のこと。○福神船―七福神の乗った宝船。

【余説】○笑他浮世俗―は、「笑」の主体がはっきりしない。「他」が一、二句以外の人を指すならば理解りやすいが、それでは語順が違う。一応通釈のように訳をしてみた。

（作品番号17）

朝暮村居適　　朝暮村居適ひ、

拜年人不邀　　拜年の人邀へず、

莫言厨味冷　　言ふ莫れ厨味冷しと、

在春一詩瓢　　春に一詩　瓢在り。

【押韻】邀、瓢（平聲蕭韻）。

【通釈】

朝夕の村住まいは悠々自適であり（気に入っている）、年賀のために（使いの）人が迎えに来ることもないからいい。いいなさるな、（櫃の）料理の味は冷たいでしょうに…と、春の好季節に一つ詩が出来たし瓢箪には酒もあるのだ（楽しい）。

【語釈】

○朝暮―時間の短いたとえ。ここは、「朝夕」のこと。一日中と解釈する。○村居―町を離れ静かな村に住む、と解釈する。○適―心にかなうことと解釈し、悠々自適の生活と見た。○拝年＝拝春。新年の喜び。年始の礼。○邀―迎える。（来るなと言ってあるので）迎えの者も来ない、と解釈した。○厨味―①廚は厨、料理場。②ひつ。はこ。厨味は料理の味。

（作品番号18）

不免炎趨責　　炎趨の責を免れずして、
豈全高踏交　　豈に高踏の交を全うせんや、
紙鳶棲早熟　　紙鳶は早熟に棲み、
挂在古松梢　　挂りて古松の梢に在り。

一六居士曰奇洛想。

一六居士曰く、奇しき洛の想なり。

【押韻】交、梢（平聲肴韻）。

【通釈】

情勢を見て有利な方に動くという責任を免れないで、
どうして世俗を超越した交際を全うすることが出来ようか。
凧は早く（空へ）登ることを良しとするから、
（誤って）松の古木の梢に引っ掛かっている。

【批評の通釈】一六居士がいう、めずらしい洛での詩想である。

【語釈】

○炎趨―「炎《えんなれば》而附《つき》寒《かんなれば》而棄《すつ》［柳宗元・宋清伝］（人の勢力のさかんなときはつき従い、勢力が衰えると捨て去る）」を踏まえた語であろう。○高踏―①遠く去る。遠くへ行く。②世俗を超越する。官職や俸禄に執着しないで隠居する。○紙鳶（しえん）＝紙鴉（しあ）・紙鵄（しし）・紙鷂（しよう）。たこ。いかのぼり。○早熟―①早く実る。②（国）年のわりにませている。

【考察】○洛―中国の洛陽（副都）を差すか?、本務地を離れた田舎（別荘）のような所を意味するか?（作品番号17参照）のような所にいて、考えたと見られるような作品である。他人のことを詠ったか?連作中では異色の作品である。

（作品番号19）

雪佛朝々痩　　雪仏は朝々に痩せ、
風筝日々囂　　風筝は日々に囂がし、
屠蘇春一脈　　屠蘇は春の一脈にして、
笑話昔時豪　　笑ひて昔時の豪を話す。

一六居士曰雪佛風筝奇對好對
一六居士曰く、雪仏、風筝は奇しき対にして好き対なり。

【押韻】囂、豪（平聲豪韻）。

【通釈】
雪だるまは毎朝毎朝少しずつ痩せて（細く小さくなり）、凧は（春風が強く吹き、空で）日ごとに騒がしく鳴っている。（正月の）屠蘇酒は春の一すじの（話の誘い水になって）笑いながら昔の豪快な（男だての）話をする。

【批評の通釈】一六居士がいう、雪だるまと凧とはめずらしい対称で、好い対句である。

【語釈】
○雪佛―雪だるまのこと。○風筝（ふうそう）―たこ。風鳶。紙鳶。○囂―（ごう）やかましい。○屠蘇―①草の名。よもぎに似て葉の大きな草。②屋根。③酒の名。屋根の上で醸した酒。ただし、一般には、薬草をひたした酒をいい、正月に飲む。○一脈―ひとすじ、ひとつながり。○豪―①やまあらし。②すぐれる。ひいでる。また、その人。③つよい。たけだけしい、また、その人。④ひいでる。また、その人。かしら。⑤男だて。

（作品番号20）

巧唱楊花曲　巧みに唱ふ楊花の曲、
家々興趣多　家々興趣多し、
寄言年少客　言を寄す年少の客、
無酒奈春何　酒無くして春を奈何せん。

【押韻】多、何（平聲歌韻）。

【通釈】
楊花の曲を上手に歌っている家があり、どの家もどの家もおもしろみ、おもむきが深いことずてをする（ことばあたえている）若いお客は、酒がなくてこの春（の好き日）をどうしょうというのか。

【語釈】
○楊花―楊はやなぎ。かわやなぎ。ねこやなぎ。ヤナギ科の落葉低木。多く川辺に生じ、枝はたれない。楊花はかわやなぎの花＝柳絮。①柳の綿。柳の種子に生じる白毛状のもの。晩春のころ、綿のように飛び散る。

中国では柳（シダレヤナギ）と楊（カワヤナギ）の二種に大別される。楊の場合は、特に区別して「楊花」と呼ぶ。時期は、柳絮が先に舞い、楊花がやや遅れる。しかし実際には、二つは厳密に区別されることは少なかった。「楊柳」と連言されることも少なくなかった。清明節の詩題としても有名。「柳絮飛時花満城」［蘇軾・和孔密州東欄梨花詩］。
○楊花曲―は笛の曲「折楊柳」を「長笛」（七孔の長い笛）で吹いたと伝える中国式の曲のことか？（『漢詩の事典』大修館書店六二八・六二九頁参照）
○興趣＝興致―おもしろみを感じ、心が物事に向かう。興味。おもしろみ。おもむき。○寄言―①ことづてをする。寄語・寄声。②ことばをあたえる。○年少客―若者。○奈何―どうしようか。

【余説】
○白居易（七七二〜八四六）は樊素という妓のために「楊柳枝詞」という曲辞を作った。「楊柳詞」は古題の「折楊柳」から来たものであろう。白居易に「楊柳枝詞」があり、白居易の友人だった劉禹錫（七七二〜八四二）は九首の連作を作っている。「楊柳枝」という曲は、その後だんだんと形が変化していった。
○日本でも「楊柳曲」が唱われていたことが注目される。

（作品番号21）
隣舎籠鶯語　　隣舎の籠鶯語り、
春燈對曉茶　　春燈は暁茶に対す、
一宵纔隔處　　一宵纔に隔つ処、

人意忽梅花　人は意《おも》ふ忽ち梅花ありと。

【押韻】茶、花（平聲麻韻）。

【通釈】

隣の家の鳥籠に飼われている鶯が春を語り、春の行灯の側で朝方（家人が入れてくれたか）一番茶と向き合っている。一晩のわずかな（時間が）隔たったところで、人はふと梅の花（が咲いていたこと）を思うのである。

【語釈】

○隣舎―隣の家○籠鶯―籠に飼われている鶯。○語―ホーホケキョと鳴く。○春燈―春の灯火。座敷にある行灯であろう。○曉茶―朝方に飲むお茶。○一宵―一晩。○梅花―梅の花。

（作品番号22）

快雪松三徑　快雪の松の三徑、
清風竹一房　清風の竹の一房、
吾居春物足　吾が居は春物足り、
不似世人忙。　世人の忙しきに似ず。
一六居士日一二名聯敢請爲余書贈

一六居士曰く、一、二名聯なり、敢て請ふ、余の為に書して贈られよと。

【押韻】房、忙（平聲陽韻）。

【通釈】

庭の三つの小道の側には気持がよい雪が降った松が立ち、すがすがしい風が吹く竹の側に一部屋がある。

私の住居には新春の風物が十分揃って満足できる状態であるので、世間の人が忙しくしているのとは違って（ゆったりとして）いる。

【批評の通釈】

一六居士はいう、第一、二句はすぐれた聯である。無理でも頼みたい、私のために書写して贈って下さい、と。

【語釈】

○快雪松―快①こころよい。ア、気持がよい。心にかなう。イ、よろこばしい。たのしい。ウ、さわやか。快雪松―は気持がよい雪が降った松、ということであろう。○三逕―庭の三つの小道。隠遁者の住居の庭をいう。○清風竹―清風はすがすがしい風。［蘇軾・赤壁賦］に、清風徐来、水波不興、とある。清風竹はすがすがしい風が吹く竹。○春物足―新春の風物（ここでは、快雪松、清風竹など）が揃っている（十分である）ということ。○不似世人忙―世間の人が（生活のために）忙しくしているのとは大変違っている。

（作品番号23）

鐘報妙源寺　　鐘は報ず妙源寺、
析傳明德黌　　析は伝ふ明德黌、
出門呼快々　　門を出でて快々と呼べば、
残月一天清　　残月は一天に清し。

【押韻】黌、清（平聲庚韻）。

【通釈】
妙源寺の鐘が時を告げており、
明徳校の木板が講義の開始を告げている。
家の門を出て、気持がよい（楽しい）と叫ぶと
（西空に）残月が見えおおぞら全体が清んでいる。

【語釈】
○妙源寺―作者の住居の近くにある。
○明徳黌―　〃
○一天―おおぞら全体。

（作品番号24）

五十餘年夢　　五十余年の夢、

今朝尚未醒　　今朝尚未だ醒めず。
何嘆雙髪白　　何ぞ嘆かん双髪の白きに、
可慚一燈青　　慚ず可し一燈の青きを。

　一六居士曰鏡中白髪或可歎窓下靑燈豈有慚乎

　一六居士曰く、鏡中の白髪は或ひは歎く可くも、窓下の青燈は豈に慚ずること有らんやと。

【押韻】醒、青（平聲青韻）。

【通釈】

（この世に生まれて）五〇余年来の夢が、
今朝になってもまだ醒め切れない。
左右の耳ぎわの髪の毛が白くなったのを嘆こうか歎きはしないが、
ともしびの青い光に恥ずかしく思う。

【批評の通釈】

○一六居士がいう、鏡に映る自分の双鬢の白髪は嘆くこともあるかも知れないが、窓の下の置いた灯の青い光には羞じるには及ばないと思うよ、と。

【語釈】

○何嘆―何で嘆こうか（歎きはしない）。○雙髪―双鬢のことか。双鬢は顔の左右の耳ぎわの髪の毛。○一燈青―青燈―ともしびの青い光。

【余説】
「窓下青燈」とあるので、外にあるガス灯のようなものか。何故なげくのか？

（作品番号25）
椒氣先浮酒　椒気に先づ酒を浮べ、
窓光欲壓燈　窓光に灯を圧せんと欲す、
曉來新雅興　暁来りて新雅興り、
敲戶有詩僧　戸を敲きて詩僧有り。
【押韻】燈、僧（平聲蒸韻）。
【通釈】
かぐわしい匂いに（誘われて）先ず酒を（盃に）浮かべ、
窓の（明るい）光に（気づいて）行灯の芯を短くしようとする。
明け方になって新しい雅趣が起きてきたところに、
（玄関の）戸を敲く音がすると思ったら詩人の僧が立っていた。
【語釈】
○椒氣―椒は①はじかみ。さんしょう。ミカン科の落葉低木。葉と実に香気があり、香辛料に用いられる。椒気は正月の屠蘇酒の匂いが座敷にしていた、ということかも知れない。○詩僧―詩を作る僧。「推敲」の出典を思い出す。

（作品番号26）

梅遲山野靜　梅は遲く山野は靜かにして、

誰復事行游　誰か復た行遊を事とせん、

却愛瓶中柳　却って愛す瓶中の柳、

垂條逐日脩　條を垂れ日を逐うて脩し。

【押韻】遊、脩（平聲尤韻）。

【通釈】

梅が咲くのが遅く（見物の客が居なくて）山野は静かで、

誰がふたたび行楽を楽しみとしようか（しない）。

（それで）かえって瓶に挿した柳の、

垂れた枝が日に日にながくなるのを楽しんでいる。

【語釈】

○復―①ふたたびする。くりかえす。②また。ふたたび。行為の反復する意をあらわす。○却って。反対に。予期に反して。○垂條―垂れた枝。○脩―すらっと、丈の長いこと。

（作品番号27）

老子無豪興　老子は豪興無く、

依然懶起心　　依然として起くるに懶しの心（あり）。
枕中詩未了　　枕中の詩未だ了らず、
春動暁鐘音　　春動きて暁の鐘の音（あり）。

【押韻】心、音（平聲侵韻）。

【通釈】
年老いた君子（私）には強い（趣を感じる）元気はないので、
相変わらず起き上がるのが懶い心がある。（心でいる）
寝床で作りかけた詩はまだ完成せず、
明け方の（寺の）鐘の音に春が動き出す気配がある。

【語釈】
○老子―老子は老君子の意であろう。藩主であるので「君子」と意識したのかも知れない。いずれにしても老子は作者（詩人）のことである。○豪興―豪―さかんな、大胆な。興―たのしむ。よろこぶ。きょうじる。心に趣を感じる。

【余説】
詩人は暁鐘の音に春の気配を感じている。

（作品番号28）

客去書齋寂　　客去りて書斎寂しく、
乘閒試黑甜（甜）　間に乗じて黒甜を試む、
午來檐雨暖　　午来檐の雨暖かく、
一夢到江南。　一夢に江南に到る。
　一六居士曰江南夢境可羨々々。
　　一六居士曰く、江南の夢境羨やむ可し々々。
【押韻】甜は平聲一四塩、南は平聲一三覃で、覃・塩は古韻通である。
【通釈】
客が帰り書斎は寂しくなったが、
（ちょうどよい）暇にまかせて昼寝をした。
昼から降り出した雨は軒端の（音も）暖かく、
短い夢であったが（一気に）中国の江南にまで行ったのであった。
【批評の通釈】一六居士がいう、江南まで行ったということだが、その夢の世界は（どんなに楽しかったかと）羨ましいかぎりだ。
【語釈】
○甛―黒甛では意味をなさない。甜の誤りであろう。黒甜＝熟睡、ひるね、の意味であると思われる。また、甛は上声紙韻。

○江南──①長江南部の地方。②唐代の道名。今の浙江・福建・江西・湖南省の全域と、江蘇・安徽省の長江以南、および四川・貴州省の北東部。

【余説】一六居士が羨ましいといったのは、唐代から、中国では江南は好いところ、美しいところというイメージがあり、詩文にも詠われて、一度は行ってみたいところであったからである。

また、白居易に「憶江南詞三首（雑体、五言詩）」、劉禹錫にもある。楽府詩集巻八二に載せる近代曲辞である。

（作品番号29）

未窺晴雪景　　未だ晴たる雪の景を窺はずして、
敲火炭先添　　火を敲きて炭先づ添ふ、
清女我何擬　　清女　我何をか擬る、
朝寒懶捲簾　　朝寒に簾を捲くに懶し。

【押韻】添、簾（平聲塩韻）。

【通釈】

雪が止んで晴れた景色をまだよくは見もしないで、
火打ち石で火をつけ先ず炭を添える。
清少納言に　私は何をおしはかりましょうか（次のようにはかる）、
（彼女は）朝寒いので簾を捲き上げるのがものういのです、と。

【語釈】
○清女―清少納言のこと。ここは、『枕草子』の二五六段をふまえた表現であろう。「雪いと高く降りたるを、例ならず御格子まゐらせて、炭櫃に火おこして、物語などして集り侍ふに、少納言よ、香炉峰の雪はいかならむと仰せられければ、御格子あげさせて、御簾高く巻き上げたれば、笑はせ給ふ」と。○擬―①はかる。おしはかる。②なぞらえる。まねる。似せる。ここは①。

（作品番号30）

窓色寒猶淡　　窓色は寒くして猶淡く、
鴉聲新不凡　　鴉声は新にして凡ならず、
金杯天賜物　　金杯は天よりの賜物、
席次拜恩銜　　席次に恩を拝して銜む。

一六居士曰既占清福又享光榮。昭代今日如公有幾人。
一六居士曰く、既に清福を占め又た光栄を享く。昭代の今日、公の如き幾人有るやと。

【押韻】凡、銜（平聲咸韻）。

【通釈】
窓から見える（風景の）色は寒そうでなお淡く、
鴉の鳴き声も新しく普通ではなく（何かいつもと）違う。

金杯は天（子よりの）賜ったものであり、

席次の順に皇恩に拝礼し（押し頂いて）酒を口に含むのである。

【批評の通釈】

一六居士が言う、すでに清らかな精神上の幸福を十分得ている上に、また、誉を受けている。現在の世に、（長守）公のような人は何人いるだろうか、（恐らく少ないであろう）と。

【語釈】

○席次―席順。座席の順序。○清福―①清らかな幸福。精神上の幸福。②相手の幸福をいう敬語。○光榮―①ほまれ。さかえ。かがやき。②名声がかがやかしい。はえ栄える。○昭代―①よく治まっている御代。②現在の世をほめていうことば。

【余説】新年の賀宴のさまを詠じた作品のようである。

五、三〇首の内容

詩体は全て五言絶句で、押韻は全て平声である。

詩の内容を簡単にまとめて紹介する。

○正月の人々の様子（1）。1は屠蘇に酔った作者と子どもの遊びの様子、

○正月の自然の風景（2、3、12）。作者は自然を冷静に見て表現している。

○正月の年始回りの様子（4、5、8、9）。4は詩が一つも出来ないといい、5と8は正月にありがちなこととい

える。9は屠蘇に酔って人を訪ねた様子。

○正月の自宅内外の風景（6、10、11、14、16、20、23、25）。10、11、17、25、27は作者は詩作に言及している。16は俗人の様子、20は屋外から屋内の正月の賑わいを言い感想を述べるというめずらしい作品である。

○正月のゆったりした気分（7、15、17、19、21、22、26、27、28、29）。7は頼まれた詩を作ったということだろう。19は雪達磨、凧揚げと屠蘇に酔った人を描く。28は中国文学の、29は日本古典文学の素養を示す特異な作品である。他は正月の静けさを喜んでいる。作者は喧噪を好まないのである。

○正月ならではの思考（13、18、24、30）。13は机に向かう楽しさ、18は哲学的思考、24は自己反省、30は現況は皇恩のお陰であると感謝の念を表している。

これら三〇首は、子細に読めば味わい深い。老成した詩境であると言えよう。

六、結言

この漢詩集の作者・長守公は、明治三年（一八七〇）勝山から東京へ転籍し、同六年勤めを退いた。以後二〇年近くを東京に住んで、風月を楽しみ、詩・俳句・書画を作る自由な生活を送った方である（『勝山藩古事記』の記載による）。一方、巖谷一六は、慶応四年（一八六八）に上京し、後の日下部鳴鶴の隣に住んでいる。『勝山藩古事記』の記事より判断すると、書はこの巖谷一六や日下部鳴鶴から学ぶことが多かったと思われる。漢詩も批評を頼んでいることから判断すると、やはり巖谷一六氏から学ぶことが多かったのであろう。

また、この漢詩集の作品は明治二三年（一八九〇）正月の作となっているので、没年の一年前、五七歳の作品ということになる。他にも多数の作品があったようであるが、それらは今日なお残っているのかどうかは定かではない（ただし、一部は判明している。前川幸雄著『鯖江の漢詩集の研究』の第四章、第二節「福井県関係の漢詩文収録書発刊（推定成立）年」次一覧表」の232・239・241番の「小笠原長守公」の「漢詩の訓解」平泉洸祥著（昭明文庫）などである）。

嗣子長育氏は、父長守公と趣味を同じくするところがあり、父のために編集したのである（恐らく父長守公の意向をくんでのことであろう）。それにしても子が父の漢詩集を編集するということは、麗しいことである。

なお、勝山出身者の方の漢詩集は少ないので、同好の士によって読まれることが期待される。

七、注記

（注1）小野湖山（おのこざん）（一八一四〜一九一〇）

幕末・明治の漢詩人。本姓は横山。名は長愿、字は同翁、また懐之など。近江の人。梁川星巌の玉池吟社に参加、後に三河吉田藩儒者（豊橋城主大河内家に招かれ藩政に参す）。狂々道人と号し、天下の志士と交わり、尊皇攘夷を論じ、水戸の藤田東湖と親交があった。維新後、大阪に優遊吟社を開いた。大沼枕山、鱸松塘と明治三詩人と称せられた。著に「湖山楼十種」八冊、他等がある。明治四三年没、享年九七。京都妙心寺に葬る。

（注2）巖谷一六年譜について

巖谷一六の出身地・（現在の）滋賀県甲賀市水口町には「水口歴史民俗資料館」がある。そこに「巖谷一六、巖谷小波」父子のコーナがあり、経歴・業績などが紹介されている。ここに挙げた「巖谷一六年譜」は資料館に提供していただいた資料を参照した。

巖谷一六年譜

一八三四　天保五　　二月八日、父立的（玄通）、母利子の長男として出生。辨治と名付けられる。

一八三九　天保一〇　五　一月二〇日、父死亡。母は、二児（辨治、弟友次郎）を連れて、京都の実家（青木家）へ帰る。

一八四二　天保一三　八　京都の書家安見宗矩に書を学ぶ。

一八五〇　嘉永三　一六　三角棣園に医学を学ぶ。

一八五四　安政元　二〇　水口へ帰藩して侍医をつぐ。同時に立的と改名する。

一八五六　安政三　二二　江添田鶴と結婚する。相性が悪く後に離婚する。

一八五七　安政四　二三　一月、長男立太郎が水口で生まれる。

一八五八　安政五　二四　弟友次郎が病死する（二一歳）。この頃から、中沢雪城に書を学ぶ。

一八五九　安政六　二五　二月に各地でコレラが大流行した。修は京都で、宗真斎から治療を学び、水口で成果を上げた。

一八六〇　万延元　二六　本多八重と再婚する。

一八六八　慶応四　三四　迂也と改名する。明治政府の徴士として出士し、議政官史官（内閣書記官室）となる。上京にあたっては、日下部三郎（後の鳴鶴）の隣、麹町区平河町五丁目一四番地（現在の東京都千代田区平河町二丁目一六番地）に住む。

一八六九　明治二　三五　太政官大史となる。

一八七〇　明治三　三六　六月六日、三男季雄（後の小波）が平河町で生まれる。妻八重は、季雄の出産後大病にかかり一〇月一日に肺炎を併発して死亡する。従六位となる。
一八七一　明治四　三七　枢密少史、少内史となる。
一八七二　明治五　三八　正六位となる。
一八七三　明治六　三九　横田茂登（一八歳）と結婚する。
一八七四　明治七　四〇　太政官正官権大内史兼翻訳局監部履歴庶務課副長となる。従五位になる。次男辨二郎（一三歳）が、日下部鳴鶴の養子となる。
一八七五　明治八　四一　権大史となる。
一八七七　明治七　四三　太政官大書記官となる。
一八七八　明治一一　四四　松田雪柯が上京し、一六の離れに住む。
一八七九　明治一二　四五　修史官一等編修官となる。
一八八〇　明治一三　四六　三月、楊守敬が来日する。鳴鶴、雪柯と共に楊守敬を尋ね、筆談で教えを受ける。
一八八一　明治一四　四七　修史官副監事となる。五月、「中村栗園寿蔵碑」（滋賀県水口町大岡寺）建立。九月、松田雪柯が死亡する（五九歳）。
一八八二　明治一五　四八　太政官修史官監事となる。日下部辨二郎（一六の次男、二一歳）がまち子（鳴鶴の次女）と結婚する。
一八八四　明治一七　五〇　五月二九日、楊守敬帰国する。

一八八五　明治一八　五一　高輪の伊東博文邸で、鳴鶴と共に御前揮毫する。
一八八六　明治一九　五二　内閣大書記官となる。正五位に叙される。
一八八八　明治二一　五四　元老院議官となる。従四位勲四等。
一八八九　明治二二　五五　勲三等瑞宝章。
一八九〇　明治二三　五六　一〇月六日、重野成斎らとともに、黎庶昌の帰国送別会を開く。
一〇月二〇日、元老院の廃止により錦鶏間祗候となる。
一八九一　明治二四　五七　勅選貴族院議員となる。
一八九五　明治二八　六一　一月二四日、有栖川宮熾仁親王が亡くなり、その墓誌銘を一六が揮毫する。三男（小波）を廃嫡別戸にして、四男春生（一八歳）を嗣とする。
一九〇〇　明治三三　六六　七月から一〇月、鳴鶴と共に東北地方を漫遊する。一〇月以後は一六ひとりで、青森から北海道に旅行する。
一九〇三　明治三六　六九　一一月二九日、水口の大岡寺で、故中村栗園従四位贈位奉告が行われ、一六は文を作り、師の霊を祭った。
一九〇四　明治三七　七〇　秋頃から体の不調を訴えるようになる。
一九〇五　明治三八　七一　七月一二日、胃癌のため東京元園町にて死亡。京都の東山正寺に葬られる。戒名は文簡院古楳誠居士。
従三位勲二等に昇叙し、瑞宝章を賜る。また、白絹二疋、祭祀料五〇〇円も賜る。

一九一一　明治四四　　一六の七回忌にあたり、水口の大岡寺に「従三位巖谷君之碑」が建てられる。三島毅撰文、日下部鳴鶴書、楊守敬篆額。「一六遺稿」が巖谷春生によって編集、発行される。

（注3）日下部鳴鶴（くさかべめいかく）（一八三八～一九二二）

書家。名は東作。東嶼・翠雨とも号す。彦根の人。初め巻菱湖・貫名・海屋・楮遂良ら、のち清の楊守敬の書法を学んだ。その書法は鳴鶴流といわれ、一世を風靡した。

（注4）林雪蓬（はやしせっぽう）（一八二一～一八九九）

名は陳、字は希通、号は雪蓬、通称は慎助という。父は勝山藩に仕え、藩政改革に尽くした儒者の林毛川。（庶子）。江戸に生まれ、帰郷した。

一四歳で江戸に行き、川上花顛に師事し、詩書に親しんだ。一方男谷《おだに》上総について剣道と書法を学んだ。勝海舟とはその頃からの終生の友であった。

二四歳で豪農であった石川氏を継いだが、ゆえあって復帰した。それから高橋石斎と親交を持つようになり、嘉永二年に先生を訪ね書法について語り合っている。

安政元年帰郷して一家をなした。

文久二年には物頭《ものがしら》役となり、維新の際、小参事権大参事に累進し、衆議院（明治二年七月公議所廃止の跡に置かれ、公議世論に基づき万機を決するために置かれた機関。明治六年廃止となる）が開かれると公議人となって宣教係を命じられた。

明治四年世継小笠原長育の教育を託された。

明治五年京都に移住し一一年大阪に居を移し、更に翌年東京に移り住む。長育公は七年に東京に移っている。

このころ、高橋石斎の子高橋自侍と知り合いになっている。

その間に詩書に親しみ、興がわいてくると書を楽しみ、時々、歴遊して健脚を誇り西遊紀行という著もある。性格は剛直で、気概に富み厳君の風格があった。人格高く知人の間でも評判が良かったという。

雪蓬は晩年、嗣子の敏太郎氏と共に芝に住み明治三二年五月一四日病没した。芝白銀町茅壁宗瑞寺に葬られる。

（以上は河合清仙著『林雪蓬とその周辺』より抜粋した）

（注5）岡本黄石（おかもとこうせき）（一八一一～一八九八）

江戸末・明治時代、近江（滋賀県）彦根の人。漢詩人。名は宣廸。字は吉甫。通称は半助（半介）。号は黄石。彦根藩老宇津木久純の第四子で、一二歳のとき藩老岡本業常の養子となった。天保七年（一八三六）中老となって江戸に祗役し、嘉永五年（一八五二）家老職に陞った。藩主井伊直弼が凶刃に斃れた後は、よく幼主を輔けて事を誤らなかった。初め詩を中島棕隠に学び、のち梁川星巌・菊池五山・大窪詩仏・頼山陽にも学び、また経を安積艮斎に学んだ。詩に長じて唐の杜甫を宗とし、また白楽天を学んだ。明治四年京都に居を定めたが、のち東京に移り、麹坊吟社を創立した。文化八年一一月二一日生、明治三一年四月二〇日没、年八八。著に黄石斎詩集六集一二巻・黄石遺稿・東瀛詩選がある。（近世漢学者著述目録大成・漢学者伝記及著述集覧・近江人物志）

（『日本漢文学大事典』近藤春雄著　明治書院九一頁による）

二〇〇七年一一月佳日、以文会友書屋にて注釈した。その後、二〇一八年七月、作品の注釈部分を全面改稿した。前川幸雄記るす。

十二「杉田定一（鶉山）の漢詩」研究

㈠杉田仙十郎、定一、定一妻鈴　関係年表
―漢詩作品、鶉山と関わりのあった日本人、中国人を付記す―

凡例

○記事の冒頭に、仙十郎関係には「仙」、定一関係には「定」、鈴関係には「鈴」と記す。

○西紀、和暦、満年齢、事項の順に記す。事項欄に定一の旅行等の月日と行先を記す。

○「詩集」は、「詩集名」作品番号、作品名、（　）内に詩体を略記する。

○作品番号は前川が「詩集」の冒頭から作品に掲載順に付けた整理番号である。詩体は例えば「七4」は「七言4句」ということである。ただし、『血痕集』は全て七言絶句であるので記さない。

○詩集は左記の二種が研究の対象である。

『血痕集』明治一二年九月出版御届　同年一〇月出版、著作兼出版人　石川県平民杉田定一、売捌所　大阪心斎橋通　柳原喜兵衛　吉岡平助。一七cm×一一cm、四穴、糸綴。七言絶句一〇五首を収録（明治一二年・一八七九年・二八歳）。（国立国会図書館蔵本よりダウンロードした）

＊この詩集は、明治一〇年、一一年の詩文集草稿「東北遊譾唫」、「西南遊譾吟」（明治一〇年）、「愛國余瀝」、「夢痕

集」（明治一一年）に書きとどめられた詩を後に推敲選択し、更に明治九年禁獄の際の数編の詩と明治一二年作の若干のものを加えまとめたものである（「杉田定一の詩文集草稿」池内啓著、福井大学学芸学部紀要、第三部、社会科学、第一一号、五一頁参照）。

なお、複刻本がある。福井豆本第四号の『杉田鶉山小伝』（水島直文著　安田書店刊　昭和五三年八月一五日発行）と併せ一組として出版した「『血痕集』全　杉田定一著」である。

『鶉山詩鈔』大正六年一二月三日印刷　同月五日発行、著者　杉田定一、発行兼印刷者高倉嘉夫、印刷所　忠誠堂印刷所。二〇・八cm×一五・六cm×一・〇cm。糸綴。藍色の帙入。五種の詩集からと附録の詩作品の抜粋詩集。各体の詩作品二四九首を収録（大正六年・一九一七年・六七歳）。

＊この詩集の「窮愁一適」は明治一六年頃、多くの人の序文、評言が寄せられたが、出版できなかった。そして、その後の清国旅行、三度にわたる欧米旅行の詩稿、その他を加えて出版したものである（『福井置県その前後』池内啓著、福井県郷土誌懇談会刊、4章、窮愁一適　二二五頁～）。

○　左記の表では、「詩集名」作品番号、作品名を記す。

○　『鶉山詩鈔』の巻尾の「附録」は明治三二年の箇所に166167168番作品を入れ、大正三年の箇所に246247番作品を入れている。この二箇所は主題による配列である。

年	満年齢	事項（動向）

文政三年（一八二〇）	（仙）	○	一一月六日、坂井郡波寄村に生まれる。
天保九年（一八三八）	（仙）	一八	はじめて江戸へ行く。
弘化三年（一八四六）	（仙）	二六	本家次郎兵衛の病気により別家から杉田家を相続し、福井藩から大庄屋役を仰せ付けられる。
弘化四年（一八四七）	（仙）	二七	りう（藤鷲塚村久保庄右衛門娘）と結婚。
嘉永四年（一八五一）	（仙）	三一	長男、定一が生まれる（幼名鶴吉郎）。
	（定）	○	六月二日、坂井郡波寄村に生まれる。
安政二年（一八五五）	（仙）	三五	りう（二五歳）死去。深く苦悩したのち、自費で村内に孔子像を祀った学校を建設。
安政四年（一八五七）	（仙）	三七	大庄屋役罷免、蟄居（六一年郡方復帰）。
安政五年（一八五八）	（定）	八	四書五経を学ぶ。
万延一年（一八六〇）	（定）	九	三国滝谷寺の道雅のもとで学ぶ（〜一三歳まで）。 左伝、史記を、十四歳、孫子、呉子、通鑑を学ぶ。名定一、号鶉山を受ける。
文久三年（一八六三）	（仙）	四三	波々伯部たけ（福井藩士波々伯部八左衛門娘）と結婚。
慶応一年（一八六五）	（仙）	四五	長女、とらが生まれる。
	（鈴）	○	五月一五日、鳥羽藩士藤田竜蔵の次女として生まれる。

慶応二年（一八六六）　（定）一五　武生の松井耕雪の門に入る。

慶応三年（一八六七）　（定）一六　福井藩の儒学者吉田東篁の門に入り漢学を学ぶ。

明治一年（一八六八）　（仙）四八　次男謙彬が生まれる。藩から用水・河川等の管理に格別の働きがあったとして、一代限り年米三俵ずつ下付（七一年廃止）。

（定）一七　大阪に出て理学校に入り、外国語やオランダ人から理化学を学ぶ。

明治二年（一八六九）　（仙）四九　このころ、孔子像を福井藩へ献上する。

明治四年（一八七一）　（定）二〇　横浜に出て英語を、東京の三崎嘯輔（旧福井藩士族）の塾でドイツ語・理化学を学ぶ。徐々に政治的関心を深める。

明治五年（一八七二）　（定）二一　理化学を好まず、政治学を学ぶ。

明治六年（一八七三）　（定）二二　坂井郡波寄村にもどる。

明治八年（一八七五）　（定）二四　東京で『采風新聞』を起こす。仮編集長。筆禍にかかり鍛冶橋獄に下る（七六年三月。禁獄六ヶ月）。

『血痕集』の作品名を記す。
1　秋日登羽山。
2　述懐。
3　晩秋偶成。
4　江村夜歸。

明治九年（一八七六）　（定）二一五

5 西京客中。
6 宿嵯峨高源寺。
7 敦賀港吊水藩義士墓。
8 春日江居。
9 客中感懐。
10 寄友人。
11 感懐。 12 又。
13 上書。
「評論新聞」に入る。（二月～八月禁獄）
14 拘留中偶吟（その一）。
丙子二月予以痛論時事爲法吏所審査激論鐵宕不屈遂被拘留司法監倉。
15 拘留中偶吟（その二）。
16 幽囚雜吟（その一）。
17 幽囚雜吟（その二）。
18 幽囚雜吟（その三）。
19 幽囚雜吟（その四）。
20 幽囚雜吟（その五）。

明治一〇年（一八七七）　（定）二六

21　幽囚雑吟（その六）。
22　送同囚出檻。
23　出獄。
24　送宮崎八郎遊鎮西。

二月～九月、西南の役。

25　丁丑春三月發東京赴東北。
26　渡利根川。
27　過弘道館時梅花盛開。
28　過勿來關。
29　鶴岡感懐。　30　又。
31　遊湯濱。
32　踰六十里越。
33　從棚田到福島新道口占。
34　東海道所遇
35　過桶狹間。
36　澱江舟中。
37　過笹峰。

38 高知雜吟（その一）。
39 高知雜吟（その二）。
40 高知雜吟（その三）。
41 高知雜吟（その四）。
42 高知雜吟（その五）。
43 弘岡村訪山脇氏（その一）。
44 弘岡村訪山脇氏（その二）。
45 秋夜思友人。
46 送友人歸鄕里。
47 初冬偶成。
48 十二月十三日發高知。
49 曉發杉驛所見（その一）。
50 發杉驛所見（その二）。
51 登信貴山
52 歩鴨涯。
53 感懷。

明治一一年（一八七八）　（定）二七歳

「評論新聞」筆禍により石川島獄に下る。

板垣退助らと愛国社再興のために遊説。

54　戊寅春三月下浣發高知赴北陸西海此行管愛國社設立事。

55　遊和歌浦。

56　從三國到敦賀船中口占。

57　過馬關有感。

58　耶馬溪（その一）。

59　耶馬溪（その二）。

60　佐賀客舍。

61　瓊浦偶吟。

62　發高知再赴鎮西。

63　過神崎驛。

64　過田原坂此日雷雨甚。

65　過熊本城有感。

66　吊高山彦九郎墓。

67　吊平野次郎墓。

68　將發福岡示諸子。

69　從小倉航馬關。

70 馬關客舍。
71 船中所見。
72 浪華橋納涼。
73 讀史有感。
74 十月三日發大阪歸國。
75 送奈良原鳥居遊東北（その一）。
76 送奈良原鳥居遊東北（その二）。
一〇月に帰郷（その後一ヶ月入獄）。
77 十一月五日夜査官二名卒然來拘引余福井警察署臨發賦一絶遺家。
78 六日被護送於東京途上偶吟（その一）。
79 六日被護送於東京途上偶吟（その二）。
80 同夜泊今莊驛。
81 八日到大垣途上。
82 過清洲驛有感。
83 十一日夜宿舍濱松分署此夜風雨凄其孤燈黯澹俯憶鄉國父母仰考邦家前路終宵耿耿不能就寢枕上賦一絶。
84 十四日發原驛途上望富嶽。

明治一二年（一八七九）　（仙）五九
（定）二八

85　過函嶺次頼三樹被捕過作韻。
86　檻倉雜吟（その一）。
87　檻倉雜吟（その二）。
88　檻倉雜吟（その三）。
89　佃洲禁獄（その一）。
90　佃洲禁獄（その二）。
91　佃洲禁獄（その三）。
92　聞砲聲。
93　示人。
94　述懷。
95　出獄。

自宅の酒蔵を改造して自郷学舎を興す。

土佐立志社と連携し地租軽減運動を指導。七月、自郷学舎を興し、八月、民権結社自郷社に發展。

一〇月、『血痕集』出版。七言絶句一〇五首を収録。

一二月、越前七郡の地租改正再調査が決定される。

96　己卯元旦〈以下係己卯作〉。

97　發横濱赴神戸船中。
98　浪華旗亭醉吟。
99　過新田塚。
100　山居。
101　初秋感懐。
102　四條納涼。
103　高臺観豊太閤像。
104　浪華逆旅。
105　聞日支葛藤有感。

明治一二年（一八七九）　（鈴）一四
東京女子師範学校へ入学。

明治一三年（一八八〇）　（定）二九
一一月、越前七郡の国会開設を求める署名が七〇〇〇人を超える。
都賀（旧福井藩士族岡部長娘）と結婚（八三年死去）。

明治一四年（一八八一）　（定）三〇
自由党成立（総理　板垣退助）。
『経世新論』を発行。筆禍で収監される（八一年一二月～八二年六月）。
『鶉山詩鈔』の「窮愁一適」（一～七四番）の作品名を記す。
1　辛巳一月以著書經世新論之事被呼石川縣警察本署途中大雪（七8）。2
又（七8）。3　又（七8）。

4　五月又赴金澤裁判所途上（4）

5　三十日遂被處禁獄六月不服上告之於大審院拘留中作（七4）。6　又（七4）。

7　七月二十八日有命將赴金澤裁判所知己諸士張宴羽山五岳樓送別（七4）。

8　病中雜唫（七4）。9　又（七4）。10　又（七4）。11　又（七4）。12　又（七4）。13　又（七4）

14　九月九日大審院可決原裁判所雖然以病停實行（七8）。15　又（七8）。

16　偶唫（七8）。17　又（七8）。18　又（七8）。

19　十二月二十日出福井病院下工街監獄（七8）。

20　偶唫（七8）。21　又（七4）。22　又（七4）。

23　運動場有一小櫻樹經雨滿開嬌寃可憐（七4）。

24　偶成（七8）。

25　夢遊墨江（七4）。

26　送春（七4）。

27　聞板垣氏罹難有感（七4）。

28　偶成（七8）。29　又（七8）。

30　六月十八日出檻歸家（七4）。31　又（七4）。

詠史

32 米力泰底（七4）。33 利古爾厄（七4）

34 策克拉的（七4）。35 亞勒山德（七4）。

36 又（七4）。37 漢尼巴（七4）。38 又（七4）。39 塞撒（七4）。40

摩哈麥（七4）。

41 沙烈曼（七4）。42 彼得（七4）。

43 維廉剔爾（七4）。

44 如安（七4）。45 又（七4）。

46 甲列第五（七4）。47 古倫波（七4）。

48 石麥湼士（七4）。49 布倫士維廉（七4）。

50 華聖頓（七4）。51 又（七4）。

52 拿破烈翁（七4）。53 又（七4）。

54 又（七4）。55 拿破烈翁第三（七4）。

56 蛾離破慈（七4）。57 又（七4）。

58 又（七4）。59 佛國革命歌（七22）。

60 瑞士獨立歌（七32）。61 管仲（七4）。

62 孫武（七4）。63 呉起（七4）。

64　范蠡（七4）。
65　蘇秦張儀（七4）。66　又（七4）。
67　陳勝呉廣（七4）。68　又（七4）。
69　項羽（七4）。70　又（七4）。
71　商鞅（七4）。
72　魯仲達（七4）。73　子胥（七4）。
74　張良（七4）。

明治一五年（一八八二）　（定）三一　南越自由党を興し、出獄後機関紙『北陸自由新聞』を創刊。福井県地租改正事業完結す。

六月、安南をめぐる清仏の抗争起こる。

（鈴）一七　東京女子師範学校を卒業。同校附属女児小学校に勤務。

明治一七年（一八八四）　（仙）六四　隠居。

（定）三三　八月、藤田すず子（鈴）と結婚。同月、清仏戦争起こる（八四年～八五年）。

九月、上海に渡って中国語・英語を教授する「東洋学館」を興す（一〇月出発、一一月帰国）。

「遊清予感」を著す。

（鈴）一九

東京女子師範学校附属女児小学校の訓導（正規教員）となる。
八月、杉田定一と結婚。
『鶉山詩鈔』の「遊清雜吟」（七五〜一〇〇番）の作品名を記す。
八月三〇日　東京出発。
75　明治十七年八月三十日將發東京赴淸國賦一律（七8）。
九月六日　長崎港出航。
76　九月六日發長崎（七4）。
九月八日　上海上陸。
77　八日達上海（七4）。
78　遊龍華寺（七4）。
79　上海雜唫（七4）。
80　寄內（七8）。
九月二六日　芝罘到着。
81　二十六日曉達芝罘（七4）。
九月二七日　太沽到着。
82　二十七日着太沽（七4）。
83　舟中一夜月色皎然（七4）。

84　天津（七4）。
九月三〇日　蔡村宿泊。
85　三十日宿蔡村（七4）。
86　赴北京途中（七4）。
87　十月三日係清國中秋有感（七4）。
88　皇居（七4）。89　偶成（七8）。
90　謁文丞相祠祠在府學衚衕公就死處云（七8）。
一〇月一〇日　圓明園などを見学。
91　十二日遊圓明園及萬壽山玉泉山（七4）。
92　又（七8）。93　又（七8）。
94　是日宿碧雲寺（七8）。
95　赴南口途上（七4）。
一〇月一四日　万里の長城に登る。
96　十四日登八達嶺萬里長城所在（七8）。
97　長城行（七40）。
98　弔十三陵明歷代墓（七4）。
99　從通州到天津舟中（七4）100　又（七4）。

明治一八年（一八八五）　（鈴）二〇

一〇月半ば　北京を出発し中国東北部へ。
一〇月三〇日　上海の復新園で送別会を催され帰国。
組織改編により、東京師範学校附属小学校訓導となる。長女、和が生まれる。

明治一九年（一八八六）　（鈴）二一　（定）三五

二月に辞職。坂井郡波寄村に移る。
七月、欧米遊学に出国（八八年六月帰国）。
『鶉山詩鈔』の「歐米漫遊雜吟」（一〇一〜一四八番）の作品名を記す。
六月二〇日　福井出發。
101　明治十九年六月二十日發福井（七8）。
七月二二日　横浜よりアメリカへ向けて出発。
102　七月二十二日發横濱赴桑港（七4）。
103　太平洋中之作（七4）。104　又（七4）。
八月八日　サンフランシスコ到着。
105　發桑港赴紐克途上（七4）。106　又（七4）。
107　又（七4）。108　又（七4）。
ニューヨーク到着。
109　紐克（七4）。110　自由燈（七4）。

一一月六日、ニューヨークを出発。
111　十一月六日船發紐克赴英國（七4）。
112　大西洋中之作（七4）。
一一月一二日、リバプールをへてロンドンに到着。
113　十二日曉望愛耳蘭（七4）。
114　從里跋普爾赴倫敦途上（七4）。
115　水晶宮（七4）。
116　倫敦塔（七4）。117　亞留番波羅（七4）。
118　示威會（七4）。119　倫敦雜吟（七4）。
120　又（七4）。121　又（七4）。122　又（七4）。
123　又（七4）。124　聽婦人巴底之歌（七4）。
125　悼鈴木氏（七4）。126　歳晩書懷（七8）。
127　一夜訪友人談及英國國會沿革（七4）。
128　書懷（七8）。
六九年に献上した孔子像の下付を求める願書を県知事に提出。
長男、遠（とおし）が生まれる。
七月、和、病死。

明治二〇年（一八八七）　（仙）六七
（鈴）二二

明治二一年（一八八八）　（鈴）二二三　（定）三七

一〇月、遠と共に京都へ転居し、英学を学ぼうとする。
一二月、下京区高等小学校訓導となる。
四月、京都府尋常師範学校訓導となる（八九年九月辞職）。
129　二十一年三月十二日遊蕪萊嶒（七4）。
130　又（七4）。131　又（七4）。
132　三月二十日赴沃劬社製造地此日降雪寒甚（七4）。
四月二日、ロンドンを出発してパリへ。
133　四月二日發倫敦渡大陸留別友人（七4）。
134　巴黎雜吟（七4）。135　又（七4）。136　又（4）。
137　弔奈破烈翁墓（七4）。138　伯耳塞王宮（七4）。
四月二〇日、パリからベルリンへ。
139　四月二十日従巴黎赴伯林途中（七4）。
140　伯林雜吟（七4）。
141　伯林客舎留別齋藤脩一郎（七4）。
五月二日、パリにもどる。
142　五月二日弔歐得勞古戰場（七4）。
143　巴黎述懐（七28）。

五月一八日、パリからマルセイユへ。

144　五月十八日將發巴黎出馬耳塞歸日本留別八田氏（七4）。

145　印度洋（七4）。146　錫蘭（七4）。

147　香港（七4）。

六月二六日、馬関到着。

148　六月二十六日曉達馬關（七4）。

六月二七日、横浜へ帰国。

明治二二年（一八八九）　（定）三八

大日本帝国憲法・皇室典範発布。

明治二三年（一八九〇）　（定）三九

一月福井県会議員に当選。

第一回衆議院議員に当選（第四回を除いて、一〇回まで当選）。

明治二四年（一八九一）　（鈴）二六

次男、陶二が生まれる。

明治二六年（一八九三）　（仙）七三

一月一〇日、死去。

明治二七年（一八九四）　（定）四三

八月一日～九五年三月、日清戦争。

明治二八年（一八九五）　（定）四四

【孫文、最初の革命蜂起に失敗し、日本に亡命】

明治二九年（一八九六）　（定）四五

六月二六日、絹織物視察の令を受け、横浜を出航し、アメリカ・ヨーロッパを視察。

一〇月二五日、マルセイユを出航し帰国。

『鶚山詩鈔』の「歐米再遊雜吟」（一四九〜一五三番）の作品名を記す。
149　七月十八日過六機山（七4）。
150　十月十四日遊瑞士登靈儀山（七4）。
151　地中海（七8）。152　紅海（七8）。
153　西貢（七4）

明治三〇年（一八九七）　（鈴）三一　（定）四六
次女、八重が生まれる。
憲政党大隈内閣で北海道長官となる（七月〜一一月）。

明治三一年（一八九八）　（定）四七
【孫文、欧州から日本に戻り、宮崎滔天、平山周、犬養毅らと知り合い東京横浜に居住】
『附録』（一六六〜一六八番）の作品名を記す。
166　明治三十二年十月余與伊藤侯遊北陸到能州次森槐南韻此夕有雷雨既月出清光如晝（七8）。
167　雨中過關原（七4）。
168　源義公西山別墅（七8）。

明治三三年（一九〇〇）　（定）四九
九頭竜川・日野川・足羽川の河川改修工事着手に尽くす。
六月三〇日、再び、絹織物視察のため、横浜を出航しマルセイユに上陸、リヨンへ立ち寄りパリへ。ロシア・オーストリア・イギリス・アメリカと回る。
一一月一〇日、ハワイホノルル到着。
一二月二三日、横浜に帰港。
『鶉山詩鈔』の「歐米三遊雜吟」（一五四〜一六五番）の作品を記す。
154　馬關（七4）。155　支那海（七8）。
156　印度洋（七8）。157　又（七4）。
158　紅海（七4）。
159　望姑妻斯加島（七4）。
160　九月遊聖伯得堡（七4）。
161　伯得大帝舊居（七4）。
162　遊雀岡此地奈波翁攻莫須哥時駐營之處（七4）。
163　奈耶俄羅瀑布（七4）。
164　從紐克到桑港途中（七4）。165　又（七4）。
五月衆議院議員に当選。
『附録』（一六九〜一八〇番）の作品名を記す。
169　癸卯四月十二日遊吉野（七4）。

明治三六年（一九〇三）　（定）五二

明治三七年（一九〇四）　（定）五三

170　秋曉（七4）。
171　清水港（七4）。
172　中秋（七4）。
173　陪觀櫻御宴（七4）。
174　墨水觀櫻（七4）。
175　雨中觀櫻（七4）。
176　初夏遊堀切（七4）。
二月～〇五年九月、日露戦争。
177　征露戰詩（七4）。178　又（七4）。
179　鎌倉（七4）。
180　江東歳晩（七4）。
日露戦争中、観戦議員として満州朝鮮視察をおこなう（一八三～一八七番）。

明治三八年（一九〇五）　（定）五四

『附録』（一八一～一九二番）の作品名を記す。
181　乙巳新年參賀宮中時聞旅順敵軍降伏（七4）。
182　初夏（七4）。
183　明治三十八年五月遊朝鮮及滿州途上有作四首時日露開戰　京城（七4）。
184　二十八日到平壤此日聞日本海海戰之勝報（七4）。185　同（七4）。

186　滿洲（七4）。
187　東陵（七4）。
188　耶馬溪（七8）。
189　十月赴鹽原溫泉途中（七4）。
190　陪觀菊御宴次某韻（七4）。
191　月夜觀櫻（七4）。
192　遊鎌倉（七4）。

【孫文、東京で革命三派（興中会、華興会、光復会）合同の中国革命同盟会の総理に選ばる】

明治三九年（一九〇六）　（定）五五

衆議院議長（〇六年一月～〇八年十二月）。

明治四〇年（一九〇七）　（定）五六

「附録」（一九三～一九七番）の作品名を記す。
193　丁未元旦（七4）。
194　遊香山（七4）。
195　送小川射山遊清國（七4）。
196　仙懷懷古（七4）。
197　九月三十日從神戸赴別府船中有作此夜陰曆八月既望（七4）。

三国鉄道（金津～三国間）開通。

明治四二年（一九〇九）　（定）五八

明治四三年（一九一〇）（定）五九

越前三大河川の改修工事ようやく完成。

明治四四年（一九一一）（定）六〇

貴族院議員に勅選される。

【一〇月一〇日、武昌蜂起で第一次革命（辛亥革命）おこる】

「附録」（一九八〜二〇三番）の作品名を記す。

198 辛亥春還暦自述（七4）。199 同（七8）。

200 同（七8）。

201 粟津原（七4）。

202 述懐（七8）。

203 秋十月清國革命（七8）。

明治四五年（一九一二）（定）六一

七月、明治天皇崩御。

【一月中華民国政立。孫文、臨時大統領就任】

「附録」（二〇四〜二一六番）の作品名を記す。

204 壬子三月二十七日初期議會以來當選衆議院議員二十四人集紅葉館席上賦之（七4）。

205 歸鄉展墓（七4）。

五月三〇日、中国・朝鮮視察のため東京出発。

206 明治四十五年五月三十日將赴支那賦之（七4）。

六月四日、上海到着。
六月六日、蘇州・南京到着（八日出発）。
207　六月六日到金陵（七４）。208　又（七４）。
209　長江舟中（七４）。
六月一一日、漢口到着（一四日出発）。
210　十一日到漢口（七４）。
六月一五日、北京到着（一九日出発）。
211　萬壽山離宮（七４）。
六月一九日、天津到着（二一日出発）。
六月二三日、大連到着（二五日出発）。
六月二六日、ハルピン到着（二七日出発）。
六月二八日、撫順・奉天到着（一日出発）。
212　従奉天到安東縣車中（七４）。
七月一日、安東県到着（二日出発）。
七月二日、京城到着（五日出発）。
七月七日、釜山出港。
七月九日、東京に戻る。

大正二年（一九一三）　（定）六二

213 四十五年七月三十日明治天皇崩御恭賦（七8）。
214 九月十三日、參列先帝葬儀恭賦（七4）。
215 輓乃木將軍（七4）。
216 謁桃山陵（七28）。
【七月、第二革命（反袁運動）に失敗し（孫文）日本へ亡命】
217 大正二年七月從青森到函館船中（七4）。
「附録」（二一七〜二二四番）の作品名を記す。
218 入十勝（七4）。
219 遊山陰下豪江（七4）。
220 樽前山（七4）。
221 十一月遊木曾弔源義仲遺跡（七4）。
222 木曾觀楓（七4）。
223 初夏述懷（七8）。
224 榛名湖（七4）。
「附録」（二二五〜二三六番）（二四六〜二四七番）の作品名を記す。

大正三年（一九一四）　（定）六三

225 甲寅八月歐州有亂延及東亞我邦亦與獨國開杖次冷灰江木博士韻（七4）。
226 同（七4）。227 又（七4）。228 同（七4）。

大正四年（一九一五）　（定）六四

229 同（七4）。230 同（七4）。
231 同寄結城蓄堂（七4）。
232 中秋（七4）。
233 戰詩（七4）。
234 鹽溪觀楓（七4）。
235 又（七4）。
236 十一月七日青島開城（七4）。
246 大正三年十一月十日參列卽位大典恭賦（七8）。
247 聽支那時事書感（七8）。
【年末、袁世凱の帝制運動に反対する第三革命起こる】
「附録」（二三七〜二四五番）の作品名を記す。
237 乙卯新年遊鎌倉（五12）。
238 月瀬觀梅（七4）。
239 三月赴北海道時大雪（七4）。
240 網走港所見（七4）。
241 六月遊香山（七4）。
242 七月渡津輕海峽（七4）。

243　三眺山（七4）。
244　中尊寺（七4）。
245　判官邸（七4）。

大正五年（一九一六）　（定）六五
（鈴）五一　六月二六日、死去。
（二男一女のうち、長男は死亡し、次女八重子は葛良修家に嫁ぐ）
「附録」（二四八～二四九番）の作品を記す。
248　丙辰六月二十六日悼亡（七4）。
249　悼黃興次其曾所贈我詩韻（七4）。

大正六年（一九一七）　（定）六六
【八月、孫文広東に軍政府樹立、大元帥となる。翌年辞任。】
一二月五日『鶉山詩鈔』出版。

大正八年（一九一九）　（定）六八
人種差別撤廃期成会を起こし頭山満、内田良平と運動す。
【孫文、中華革命党を中国国民党に改組し、総理となる】
【孫文、北洋軍閥の支えとなっている日本帝国主義を公然と批判し始めた】
〈なお孫文は一九二五年三月肝臓ガンで死去〉。

昭和一年（一九二六）　（定）七五
女婿葛中佐に託し、『鶉山詩鈔』を唐紹儀、呉佩孚、孫伝芳等に贈る。
一二月二五日、大正天皇崩御。昭和と改元。

昭和三年（一九二八）　（定）七七　『杉田鶉山翁』を完成す。

昭和四年（一九二九）　（定）七八　三月二三日死去（擁憲院鶉山定一大居士）。以上。
○名前・定一と雅号・鶉山の出典については、『杉田鶉山翁』の九四〜一〇二頁に詳しく書かれている。
・・・・・・・・・・・・・・・・・・・・・・・

◎鶉山と関わりのあった日本人

1（身近にいた人物）

○九歳、三国の滝谷寺道雅のもとで学ぶ。
○滝谷寺道雅（一八一二〜一八五六）幕末の尊皇攘夷派の勤王僧。名を憲意、字を道雅という。笑渓、支頤子と号した。『道雅上人　遺藁』『道雅上人詩文集』がある。
＊『杉田鶉山翁』に画像、墳墓と筆跡の写真とが載せてある。
○一五歳、武生の松井耕雪に学ぶ。
松井耕雪（一八一九〜一八八五）代々打刃物が家業の豪商。学問を好み儒学・詩文・書画に長じた蔵書家。私財を投じて藩校立教館を設けた。『松井耕雪翁伝』がある。
＊『杉田鶉山翁』に筆跡が載せてある。
○一六歳、福井藩の儒学者吉田東篁から漢学を学ぶ。
吉田東篁（一八〇八〜一八七五）藩儒の前田雲洞、清田丹蔵に学び、鈴木遺音に私淑。山崎闇斎の崎門学派に徹した。江戸に出て国事に画策したが安政二年藩校助教になった。『東篁遺稿』がある。＊『杉田鶉山翁』に肖像と筆跡が載せてある。
○梅田雲浜（一八一五～一八五九）幕末の尊譲派の志士。小浜藩士。
＊『杉田鶉山翁』に筆跡を戴せてある。
○松平春嶽（一八二八～一八九〇）福井藩一六代藩主。名は慶永（よしなが）。春嶽は号。
＊『杉田鶉山翁』に筆跡を戴せてある。○心理的に近い存在だったか。
・・・・・・・・・・・・・・・・・・・・・・・・

2（家族）

◎杉田仙十郎（一八二〇～一八九三）＊『杉田鶉山翁』に肖像及び杉田仙十郎翁頌徳碑と石摺の写真を載せている。
◎杉田定一（一八五一～一九二九）＊『杉田鶉山翁』に数種の肖像写真、筆跡、減租運動紀功碑、治水謝恩碑除幕式の写真。鶉山の郷宅と邸後鶉山の景の写真。福井県芦原の別荘、東京渋谷の南敦西荘の写真。欧米漫遊の頃の写真。北海道長官時代、衆議院議長時代の写真、その他、支援者との合同写真を載せている。
◎杉田鈴子（一八六五～一九一六）肖像写真を載せている。
◎令息正一君、八重子令嬢の肖像写真を載せている。
・・・・・・・・・・・・・・・・・・・・・・・・

3（政治家で写真、年譜、作品などに見える人）

○中島信行（一八四六～一八九九）土佐の郷士、尊譲運動に参加。後に龍馬の海援隊に加わる。
＊『杉田鶉山翁』に書簡を載せている。

○後藤象二郎（一八三八〜一八九七）幕末・明治の政治家。高知藩士。四内閣の大臣を務めた。
　＊『杉田鶉山翁』に書簡を載せている。
○陸奥宗光（一八四四〜一八九七）明治の政治家。伊藤第二次、山県、松方内閣の大臣を務めた。
　＊『杉田鶉山翁』に書簡を載せている。
○中江兆民（一八四七〜一九〇一）篤介。明治の思想家。フランス学の雄。自由民権運動に理論を提供。
　＊『杉田鶉山翁』に筆跡を載せている。
○伊藤博文（一八四一〜一九〇九）明治の政治家。初代韓国統監。ハルピン駅で安重根に暗殺さる。
　＊『杉田鶉山翁』に書簡を載せている。
○松田正久（一八四五〜一九一四）明治・大正の政党政治家。大隈、伊藤、西園寺内閣の大臣。
　＊『杉田鶉山翁』に書簡を載せている。
○板垣退助（一八三七〜一九一九）幕末・明治の政治家。自由民権運動家。自由党総理。
　＊『杉田鶉山翁』に板垣翁の肖像並びに棺前祭の写真、また筆跡が載せてある。
○原敬（一八五六〜一九二一）明治・大正の政党政治家。衆議院出の平民宰相。
　＊『杉田鶉山翁』に書簡を載せている。
○大隈重信（一八三八〜一九二二）明治・大正期の政治家。立憲改進党を起こし、後憲政党を組織。
　第二次政党内閣を組織した。
○大井憲太郎（一八四三〜一九二二）明治・大正の政治家、社会運動家。

＊『杉田鶉山翁』に書簡を載せている。
○宮崎滔天（一八七〇〜一九二二）明治・大正の中国革命運動家。熊本の豪農の男。孫文の支援者。
○犬養毅（一八五五〜一九三二）政治家。政友会内閣首相。五・一五事件で射殺された。
＊『鶉山詩鈔』に〈天璞自然地霊無対〉の揮毫がある。
○高橋是清（一八五四〜一九三六）明治〜昭和初期の財政家、政治家。
＊『杉田鶉山翁』に書簡を載せている。
○内田良平（一八七四〜一九三七）明治〜昭和前期の国権主義者。
○西園寺公望（一八四九〜一九四〇）明治〜昭和前期の政治家、最後の元老。
＊『杉田鶉山翁』に書簡を載せている。
○頭山満（一八五五〜一九四四）明治・昭和前期の代表的な右翼浪人。
＊『杉田鶉山翁』に〈至誠一貫〉の揮毫がある。

・・・・・・・・・・・・・・・・・・・・・・・・・・

4（『鶉山詩鈔』に略歴を記してある人物）
○富田甫（厚積）＝福井藩儒。博覧強記、碩学。漢詩人。
○曽根俊虎＝米沢の人。生涯支那革命のために奮闘したという。
○谷鉄心＝彦根の儒者。
○山本居教＝福井藩儒者。

○栗原亮一＝伊勢の人。民権を鼓吹し、板垣と謀り、また杉田、植木枝盛、安岡道太郎らと遊説し、愛国社を再興す。
○矢野駿男＝号は燐瞑、熊本の人。
○山本憲＝号は梅崖、岡山の民権家。
○池松豊記＝熊本の人。
○松浦厚＝伯爵、号は鸞洲、英国に学ぶ。杉田鶉山、松平康荘《やすたか》（福井藩第一七代）らと交わる。漢詩を得意とす。
○結城琢＝号は蓄堂。兵庫県但馬城崎の人。漢詩壇の雄である。
○石崎政＝号は篁園。秋田佐竹藩の士。中学校にて教育に従事。傍ら著述に従事す。

◎鶉山と関わりのあった中国人

○袁世凱（一九五九〜一九一六）中華民国の初代大統領（直接の交流はないか）。
＊『杉田鶉山翁』に肖像写真を載せている。
○黄興（一八七四〜一九一六）249作品の箇所に記述。
＊『鶉山詩鈔』に〈序文〉の揮毫がある。
＊『杉田鶉山翁』に肖像写真、筆跡と絵画を載せている。
○孫逸仙（孫文）（一八六六〜一九二五）戦闘的民主主義者。中国における共和制の創始者、として国父とも称された。
＊『杉田鶉山翁』に〈慷慨悲歌〉〈博愛〉の揮毫がある。＊『杉田鶉山翁』に肖像写真を載せている。
○孫伝芳（一八八五〜一九三五）直隷派。呉佩孚系の将軍。
＊『杉田鶉山翁』に筆跡と書簡を載せている。

○章炳麟（一八六九～一九三六）清末～民国の学者、革命家。学者としては、清朝考証学の最後の大家として「国学大師」あるいは「樸学大師」と呼ばれ、革命家としては、孫文、黄興と並んで革命三尊と称される。

＊『杉田鶉山翁』に筆跡を載せている。

○趙爾巽（一八四四～一九二七）清末民国初期の政治家。

＊『杉田鶉山翁』に筆跡を載せている。

○黎元洪（一八六四～一九二八）清末民国初期の軍人、政治家。

＊『杉田鶉山翁』に肖像写真を載せている。

○梁士詒（一八六九～一九三三）清末民国初期の政治家、実業家。

＊『杉田鶉山翁』に筆跡を載せている。

○唐紹儀（一八六〇～一九三八）清末民国の外交家、政治家。

＊『杉田鶉山翁』に筆跡を載せている。

○呉佩孚（一八七四～一九三九）北洋軍閥直隷派の巨頭。

＊『杉田鶉山翁』に筆跡を載せている。

○張煥綸（一八四六～一九〇四）清国南方の教育家。一八八三、四年頃、上海城内に私塾を開き二〇〇余人を教育す。清仏戦争の折、義勇兵を募り国難に当たろうとし、銃器を購入し塾生を訓練していたが、志を果たせずして逝く（『鶉山詩鈔』に略歴を記してある）。

・・・・・・・・・・・・・・・・・・・・

以上。

右の「＊『杉田鶚山翁』」の説明は「巻頭の写真」によっている。また、「『鶚山詩鈔』に略歴を記してある人物」の記事以外は全て『杉田鶚山翁』によって書いている。

◎『鶚山詩鈔』の構成

黄銕筆による題箋、写真＝巻頭の黄銕の詩集名と排印月の隷書、鶚山の肖像、七言律詩一首、写真二葉（鶚山全景、鶚山郷宅）、南郭西荘、鶚山書斎。「題鶚山詩鈔」＝犬養毅の揮毫「天撲自然地靈無對」、頭山満の揮毫「至誠一貫」、孫文の揮毫「慷慨悲歌」、黄興の七言絶句一首と謝辞の揮毫。序文＝「窮愁一適序」（中江篤介）、「題鶚山詩稿」（西園寺公望）、「窮愁一適序」（上海の張煥綸）、「窮愁一適詩序」（富田厚積）、「序」（曾根俊虎）そして、鶚山の「自序」、燐瞑、老友・板垣退助の「序」がある。目次、本文（五種の詩集と附録）、「題窮愁一適後」（武田悌吾）、「題窮愁一適詩巻後」（岡本純）、「窮愁一適跋」（山本憲）、「讀窮愁一適有感」（松浦原）、「題鶚山杉田先生詩稿後」（結城琢）、「鶚山詩鈔跋」（石崎政）、序跋者略伝、鶚山詩抄発刊に就て（杉田鶚山）、となっている。

◎『杉田鶚山翁』雑賀鹿野編著　昭和三年一〇月　鶚山会発行。

総頁数、八一七頁。

高倉嘉夫氏、他一五名の諸氏の協力によって成った。

㈡作品の紹介

始めに

○本章では、第一詩集『血痕集』と第二詩集『鶉山詩鈔』を訳注の対象とし『血痕集』からは五篇を、『鶉山詩鈔』からは十篇を取り上げる。『鶉山詩鈔』の中、「窮愁一適」からは四首、「遊清雜唫」からは三首、「附録」からは三首を作品番号順に取り上げている。また、警察によって拘束されて入獄、出獄をしていることを詠う作品は、前後に一組にして挙げてある。

○本稿は【本文】【書き下し文】【押韻】【通釈】【語釈】【人名】【余説】の順に記述してある。

『血痕集』

1　上書　　上書

擧世滔々名利奔　世を挙げて滔々として名利に奔るに、
獨將讜直貫乾坤　独り讜直を将って乾坤を貫く。
一篇文字君知否　一篇の文字を君知るや否や、
半是涙痕半血痕　半は是れ涙痕半は血痕なるを。

【押韻】奔、坤、痕（平聲元韻）。
【題意】官庁へ意見を述べた書状を出す、その書状。
【通釈】
世間の人はみな盛んに名誉や利益を求めて走り回っているが、
私だけが一人正直さを守って天地に恥じない生活をしている。
ここに表現された文字（文書）の意味をあなたは知っているか
それは半分は涙、半分は血の滲んだあとなのだ。
【語釈】
○明治九年（一八七六）作者は二五歳。
○上書―官庁や主君や貴人などに意見を述べた書状を出すこと。またその書状。○滔々―勢いよく盛んに。○讜直―正直。○乾坤―天地。○第四句・半是涙痕半血痕―が詩集名の意味を示している。

14　拘留中偶吟　　拘留中の偶吟（その一）

丙子二月予以痛論時事爲法吏所審査激論鐵宕不屈遂被拘留司法監倉。
丙子の二月、予、時事を痛論するを以て法吏の審査する所と為る。激論するも鐵宕として屈せず。遂に司法の
　監倉に拘留せらる。
徒跣践氷出法庭　徒跣にて氷を践み法庭に出づ、

激論風發勢如霆　激論風発し勢は霆の如し。
此身縦作刑場露　此の身は縦ひ刑場の露と作らんも、
一片丹心照汗青　一片の丹心は汗青を照らさん。

【押韻】庭、霆、青（平聲青韻）。

【題意】（警察に）囚われていたときにたまたま詠んだ詩。

○題注―明治九年の二月、私はその時の社会の出来事について激しく議論したために、司法の官吏（警察）が審査することになった。激しい議論を戦わしたが、（私は）頑として屈服しなかった。とうとう警察の監獄に拘束され留めて置かれた。

【通釈】

裸足で張っている氷を踏み法廷に出ると、
議論が盛んに口を突いて出てその激しさは雷が轟くようであった。
この身体はたとえ死刑にされたとしても、
私のこの一杯の真心は歴史に残り人を照らすことであろう。

【語釈】

○丙子―明治九年（一八七六）。作者は二五歳。

○時事―その時の社会の出来事。○痛論―激しく議論する。○法吏―司法の官吏、○鐵宕―頑として。○徒跣―はだし。○法庭―裁判の行われる場所。○霆―雷。○丹心―まごころ。○汗青―歴史。

23　出獄　獄より出づ

惨雨凄風六月間　惨雨凄風の六月の間、
何期今日得生還　何ぞ期せん今日生還を得んとは。
平生豪氣依然在　平生の豪気依然として在り、
又突世途幾苦艱　又世途を突きて幾たびの苦艱あらん。

【押韻】間、還、艱（平聲删韻）。

【題意】監獄から出る。

【通釈】

嘆かわしい雨すさまじい風が吹く六ヶ月の間の（苦痛を思うと）、今日無事に生きて帰れるとは期待できようか出来なかった。そして日頃の何ものにも屈しない気力は変わらずにあるが、今後も世の中に立ち向かうから何度も苦難困難に出会うだろう。

【語釈】
○明治九年（一八七六）八月頃、作者は二五歳。
○生還―危険な状態から生きて帰ること。○豪氣―何ものにも屈しない気力。○世途―世の中。

77　十一月五日夜査官二名卒然來拘引余福井警察署臨發賦一絶遺家。

十一月五日夜、査官二名卒然として来たり、余を拘引す。福井警察署より発するに臨み、一絶を賦して家に遺す。

既以斯身供自由　既に此の身を以て自由に供す、
死生窮達又何憂　死生窮達また何をか憂へん。
丈夫心事人知否　丈夫の心事をば人知るや否や、
山自青々水自流　山は自ら青々とし水は自ら流る。

【押韻】由、憂、流（平聲尤韻）。

【題意】一一月五日夜、警察官が二人俄かにやってきて、私を捉えて連れて行く。（その後）福井警察署から出発するに際して、絶句一首を作って、家に遺した。

【通釈】

以前からこの身体を自由の戦いのために差し出しているので、
生と死と人生の困窮と栄達などはなにも気に掛けていない。

男として私が心に思うことを他人は知っているかどうか、

（人間とは関係なく）山は青々と茂り川は悠々と流れている。

【語釈】
○明治一一年（一八七八）末頃。作者は二七歳。
○卒然―にわかに。○拘引―捉えて連れて行く。○臨―際し。○賦一絶―一絶を賦して。絶句一首を作って。○窮達

―困窮と栄達。○丈夫―一人前の男。○心事―心に思うこと。

95　出獄　獄より出づ

欲書遏筆欲言語　書かんとして筆を遏《と》めて言語せんとす、
天賦自由存那處　天賦の自由は那処（どこ）に存するや。
去也可兮留亦宜　去るも可なり留まるもまた宜し、
世間無地不囹圄　世間に地として囹圄ならざるは無し。

【押韻】語、處、圄（上聲語韻）。

【題意】監獄から出る。

【通釈】
文章を書こうとして筆を止めて代わりに話そうとしても、
天から与えられた自由は一体どこにあるというのだ（どこにもない）。
この人間界から立ち去るのもよし留まるのもまたよいが、
この世間にはどこもかしこもあるのは牢獄ばかりである。

【語釈】
○明治一一年（一八七八）末頃。作者は二七歳。
○遏筆―筆を遏《と》めて。○天賦―天から与えられた。

『鶉山詩鈔』

「窮愁一適」

1　辛巳一月以著書經世新論之事被呼石川縣警察本署途中大雪。

辛巳一月、著書の「経世新論」の事を以て石川県警察本署に呼ばる。途中は大雪なり。【前川注，以下の（　）は二行割注である】

密雲壓野晝冥濛　密雲野を圧して昼なほ冥濛たり、

折竹横蹊蹊不通　折竹蹊に横たはり蹊通ぜず。

（梅崖曰社會形勢亦有如此起承非虛構。梅崖曰ク社會ノ形勢モ亦タ此ノ如キモノ有リ。起承ハ虛構ニ非ズ、ト）。

人缺自由死何異　人自由を欠かば死と何か異ならんや、

國無權利滅還同　国に権利無くんば滅すると還た同じ

（燐溟曰眞然眞然。燐冥曰ク、眞ニ然リ眞ニ然リ、ト）。

未聞黃鳥囀幽谷　未だ聞かず黄鳥の幽谷に囀るを、

既見寒梅笑雪中　既に見る寒梅雪中に笑ふを。

（又曰、又是一箇謝枋得。又曰ク又是レ一箇ノ謝枋得ナリ、ト）。

序說循環依定數　序に循環を説くは定数に依り、

奈何世事獨難公　世事を奈何せん独り公を難しとす。

（矢野燐溟曰、亦是一篇之經世論。一讀使人膽張氣雄。山本梅崖曰、前評洵然○人缺自由終不若死。可謂確論。蓋根據巴的力顯理《パトリックヘンリー》之言來。池松豐記曰、世事至公抑制者亦應有此歎。

矢野燐溟曰ク、亦タ是レ一篇ノ經世論ナリ。一讀シテ人ヲシテ胆張リ氣雄ナラ使ム、ト。山本梅崖曰ク前評ハ洵ニ然リ、ト。○人自由ヲ欠カバ終ニハ死スルニ若カズ。確論ト謂フベシ。蓋シ巴的力顯理《パトリックヘンリー》之言ヲ根據トシテ來リシナラン。

池松豐記曰ク、世事は公ニ至り抑制スル者モ亦タ應ニ此ノ嘆キ有ルベシ）。

【押韻】濛、通、同、中、公（平聲東韻）。

【題意】明治一四年一月、著書「経世新論」の事で石川県警察本署に呼び出された。途中は大雪であった。

【通釈】

厚く重なった雲が垂れ下がり平野を掩い昼というのに暗い、

（その上）折れた竹が道路に横たはって通路を遮断している。

（梅崖がいう、社会の形態もこのような状態である。起聯、承聯の二句がいうことは作り事ではない、と）。

人が自由を失ったら死んでいるのと何が異なろうか、同じだし、

国家が権利が無くなったら国が滅んだのと同じだといえる。

（燐溟がいう、誠にその通りだ、誠にその通りだ）。

まだうぐいすが奥深い静かな谷に囀るのを聞かないが、

寒中に咲く梅がもう雪の中で咲いているのを見かけた。

（また言う、またこれは一つの謝枋得の作品である）

序に循環を説くのは決まった運命によっており、世間の俗事はどうにか出来るが公のことだけは難しい。

（矢野燐溟がいう、これもまた一つの立派な経世論といえるものだ、一読して人に強い気持ちと勇気を持たせるものである。山本梅崖がいう、前の批評は誠にその通りである。○人自由ヲ欠カバ終ニハ死スルニ若カズ。は確かな論というべきである。恐らく、〈パトリックヘンリー〉の言葉によったものであろう。池松豊記がいう、世間の俗事は公事になったときはそれを押さえる者も、またこのような嘆きを持つべきであろう）。

【語釈】

○辛巳―明治一四年（一八八一）作者は三〇歳。

○石川県―明治一四年今日の形の福井県は出来たが、当時は石川県へ出向いた。

○密雲―厚く重なった雲。○冥濛―曇っていて暗いさま。○虚構―事実でないことを事実らしく作り上げること。つくりごと。○黄鳥―ウグイス。○幽谷―奥深い静かな谷。○循環―一巡りして元へ戻ること○定数―定まっている運命。○公―国家や社会全体に関係すること。

【人名】

○謝枋得―一二二六～一二八九。宋末の忠臣。字は君直、号は畳山。『文章規範』の編者。

○パトリック・ヘンリー＝一七三六～一七九九。アメリカの政治家。「自由を、さもなくば死を与えよ」という演説は有名。植民地の人たちを独立運動へと奮い立たせた。

31　六月十八日出檻歸家　六月十八日檻を出てて家に帰る（その二）

等閑春雨與秋風　等閑なり春雨と秋風
人賀膽心依舊雄　人は賀す胆心旧に依りて雄なるを。
三界茫茫渾是火　三界は茫茫とし渾て是れ火なり、
火中何又説窮通　火中何ぞ又窮通を説く。

（梅崖曰、膽心依舊雄、未足以爲賀。僕獨欲賀。兄得讀書之閒、不知果得兄意否。梅崖曰ク胆心ハ舊ニ依リテ雄ナルハ、未ダ以テ賀ヲ爲スニ足ラズ。僕獨リ、兄ノ讀書之閒ヲ得タルヲ賀セント欲ス。果シテ兄ノ意ヲ得タル否ヤヲ知ラズ）。〈前川注＝閒は間の誤植か？〉。

【押韻】風、雄、通（平聲東韻）。
【題意】六月一八日監獄を出て家に帰る（明治一五年一二月二〇日福井の獄に入った）。
【通釈】
なおざりになった、春雨と秋風とが、
人は祝う、私の精神力はもとのまま強いことを
この世界は果てし無く広いが全てが火のように燃えている世界だ。
その世界の中で、不運と栄達とを何で説くのか、説く意味もない。

（梅崖がいう、精神は昔のままの強さだというのは喜び祝うことではない、僕だけが、兄事する定一君が読書の閑を得たのを祝おうと思ったのだが、果たして兄の気持ちに合っているかな、どうかな、わからん）。

【語釈】
○明治一四年（一八八一）。作者は三〇歳。
○等閑—なおざり。○膽心—精神力。○三界—この世間。○窮通—困窮通達、不運と栄達。

18　偶唫　　偶々唫ず

春來收迹臥郷關　春来たり跡を収め郷関に伏し、
往事茫茫一夢間　往事茫茫たり一夢の間。
煙紫霞紅文岳春　煙の紫、霞の紅文岳（文殊山）の春、
艪聲帆影羽溪灣　艪の声帆の影あり羽渓（足羽川）の湾。
詩情瘦似籬邊菊　詩情は痩せて籬辺の菊に似て、
病骨聳同霜後山　病骨は聳えて霜後の山に同じ。
莫謂世間窮達事　謂ふ莫かれ世間の窮達の事、
皇天爲假讀書閑　皇天（天は）為に仮す読書の閑。

【押韻】間、湾、山、閑（平聲刪韻）。
【題意】たまたま詠んだ（詩）
【通釈】

今年の春、私は自分の足跡を収め、故郷に帰臥した。
長年の昔を回想すると、まるで一幕の大きな夢を見ていたようだ。
いま私の眼前にあるのは、紫の靄　朝焼け、夕焼けが掛かる文殊山であり、
船をこぐ艪の音　帆を張った船が見える足羽川である。
私の豪壮雄放な詩情も今は衰えて垣根のそばの秋の菊みたいで、
病気で痩せた肩は霜後に草葉が落ち岩石が目立つ山頂みたいだ。
人間世界での栄枯盛衰　栄達窮落の事は再び謂う必要がない、
上帝が私に読書する閑な時間を手配してくれたと思おう。

【語釈】
○明治一四年（一八七一）九月九日以後の作。作者は三一歳。
○収迹―跡を収めて故郷に帰る。○郷關―家郷。○文岳―文殊山。○羽溪―足羽川。○病骨聳―病気で痩せて肩の骨がとがって見える。それを、そびえると表現した。

29　偶成　　偶々成る

光陰倏忽若飛梭　光陰は倏忽として飛梭のごとし、
九十春光容易過　九十の春光は容易に過ぎぬ。

繞檻茱萸赤如火　檻を繞る茱萸は赤きこと火の如く、
映檐新葉綠於波　檐を映す新葉は波よりも緑なり。
感來獨誦出師表　感来り独り誦す出師表、
憤極時吟正氣歌　憤り極まり時に吟ず正気歌。
最是多情煙雨曉　最も是れ多情なるは煙雨の曉、
杜鵑啼血弔蹉跎　杜鵑は啼血して蹉跎（不遇）を弔ふ。

【押韻】梭、過、波、歌、跎（平聲五歌）

【題意】たまたま出来た（詩）

【通釈】

光陰（時間）が極めて早くすぎるのは、飛ぶ梭と同じで、
九十日の春景色が簡単に過ぎていった。
欄干を取り巻く茱萸の実は火と同じように紅く、
屋根の庇をおおっている新しい葉は、水の波よりも緑色である。
一時の感慨が心に湧き、私は一人で「出師表」を読み始めて
悲憤が極点に達すると、時には「正気歌」を口ずさみ始める。
最も多情なのは、煙雨朦朧たる曉の時である。
ほととぎすの血を吐く鳴き声が私の失意蹉跎を慰めてくれるのだ。

【語釈】
○明治一四年（一八八一）一二月の作。作者は三一歳。
○倏忽―迅速。○飛梭―布を織るときに梭が往き来する様子。これで、時間が過ぎ去ることの早いことに喩えている。
○九十春光―春の三ヶ月。○檻―欄干。○茱萸―植物名。中国ではかわはじかみ。まつかぜそう科の落葉高木。陰暦九月九日（重陽の節句）に高い丘や山に登り、この実の付いている枝を頭に刺すと邪気を払うといわれる。王維の「九月九日憶山東兄弟」の詩に「遍挿茱萸少一人」（遍く茱萸を挿みて一人を少かん）とある。なお日本ではぐみも茱萸と称す。ぐみ科落葉低木。赤い実がなる。ここは日本のこと。
○出師表―中国の三国時代、蜀漢の丞相・諸葛亮（一八一～二三四年）が劉備の没後、出陣の際に、劉備の子・劉禅に奉った上奏文。前出師表（〈建興五年・二二七年〉＝文選所収）と後出師表（〈建興六年・二二八年〉＝古文真宝後集所収）がある。後出師表の中に「鞠窮盡瘁、死而后已（鞠窮して尽瘁し、死して後に已まん）＝私は身をかがめ謹み、一生懸命に骨折って、死んでからはじめてやめるつもりで、死ぬまで努力をつづけようと思う」の名句がある。忠誠と憂国の至情に溢れる名文。
○正氣歌―南宋末の宰相・文天祥（一二三六～一二八二年）が、元軍と戦って敗れ、捕らえられて元の大都（北京）に送られ獄中にいて作った五言の古詩。節を曲げず忠義を貫く心を歌った作品。
○杜鵑啼血―啼血、血を吐くほどに声を絞って啼く。杜鵑、即ち杜宇。ほととぎすの別名。周末の時代蜀王杜宇（望帝）が、位を譲った後、ほととぎすに化したとか、また、死ぬときほととぎすが鳴いたとかいう四川省地方の古い伝説による。

75　明治十七年八月三十日將發東京赴清國賦一律

明治十七年八月三十日、将に東京を発して清国に赴かんとして一律を賦す。

四百餘州亂若絲　四百余州（中国は）乱れて糸のごとし、
平生一快在斯時　平生の一快斯の時に在り。
潮通福建帶鮮血　潮は福建に通じて鮮血を帯び、
雲掩安南斷鐵騎　雲は安南を掩ひて鉄騎断く。
揮策異邦卽英傑　策を異邦に揮ふは即ち英傑、
埋屍孤島豈男兒　屍を孤島に埋むるはあに男児ならんや。
秋風吹動雄飛意　秋風吹き動かす雄飛の意、
欲任東洋峨破隋《ガリバルディ》　任ぜんと欲す　東洋の峨破隋《ガリバルディ》。

【押韻】絲、時、騎、兒、隋（平聲支韻）。

【題意】明治一七年八月三〇日、東京を出発して清国へ行こうとするとき、律詩一首を作った。

【通釈】

四百余州の中国全土が乱れて麻の糸のようであるが、
日頃の気分がすっきりする痛快なことはこの時にあるのである。

潮流は福建の海に通じ戦いに流された紅い血潮に染まっている。
暗雲は安南地方を掩い地上には仏軍の騎馬兵の馬が声高く嘶く。
馬の鞭を異国で揮うものは英雄豪傑で、
屍を故国を離れた孤島に埋めるものは誠の男児とは言えない。
秋風が大志を抱き盛んに活動しようとする気持ちを駆り立てる。
（私は）あのイタリアの愛国者ガリバルディになりたいと思う。

【語釈】

○明治一七年（一八八四）の作。作者は三三歳。

○四百餘州―中国全土。○雲掩安南嘶鐵騎―清とフランスの紛争（一八八二年抗争、一八八四年四月戦争）を描く。○雲―戰雲。○安南ベトナム中部地方。○掩―安南に広がっている。○鐵騎―鉄の鎧甲で身を固めた騎馬武者。勇猛果敢な騎兵。○嘶―騎兵の馬が声高くなく。○揮策―騎馬に鞭を入れ叱咤激励すること。○英傑―英雄豪傑。○雄飛意―大きな志を抱いて盛んに活動しようとする意欲、気持ち。

【人名】

○峨破隋＝一八〇七～一八八二年。イタリアの愛国者。各種の革命運動に活躍し、イタリアの統一に貢献した。晩年イタリア国会に議席を得たが、政治生活よりも奔放な革命運動や軍事活動に奔走。その愛国的生涯はイタリア人の神話になっている。

【余説】

○作者の意欲満満の様が目に浮かぶ。

97　長城行

長城行

1 曉發南口裹糧行　暁に南口を発して糧をつつみて行く、
2 鷄鳴咿喔星尙明　鶏鳴咿喔として星なお明らかなり。
3 時正深秋氣凜烈　時は正に深秋　気は凛烈にして、
4 馬蹄堅氷碎有聲　馬蹄の堅氷をば砕きて声有り。
5 駝群羊隊道雜沓　駝群羊隊道に雑沓し、
6 亂山複水相送迎　乱山複水に相送迎す。
7 闗門扼要麋鹿避　関門要を扼して麋鹿避け、
8 雉堞連天飛鳥驚　雉堞天に連なりて飛鳥驚く。
9 八達嶺頭立馬望　八達嶺頭に馬を立てて望めば、
10 邊塞茫茫秋草平　辺塞は茫茫として秋草は平らかなり。
11 萬感湧胸不能制　万感胸に湧きて制する能はず、
12 頻解腰瓢傾數觥　頻りに腰瓢を解き数觥（杯）を傾く。
13 堯舜禹湯施仁政　堯、舜、禹、湯は仁政を施し、
14 四海九州仰光榮　四海九州は光栄を仰ぐ。

15　秦皇唐宋逞覇業　秦皇唐宋は覇業を逞しくし、
16　匈奴不敢爲抗衡　匈奴は敢えて衡に抗するを為さず。
17　中州正氣今全盡　中州の正気いま全く尽き、
18　衣冠禮樂委榛荊　衣冠礼楽は榛荊に委ぬ。
19　文學八股沒人智　文学の八股は人智を没し、
20　政貴專制愚蒼生　政は専制を貴とし蒼生を愚とす。
21　夷狄竟出中華上　夷狄は竟に中華の上に出で、
22　亞州草木枉縱横　亜州の草木は枉《いたず》らに縦横。
23　咸豐年間阿片役　咸豊年間の阿片の役に、
24　呑恨遂結城下盟　恨みを呑んで遂に城下の盟を結ぶ。
25　近來佛人又猖獗　近来仏人また猖獗にして、
26　席卷安南迫東京　安南を席巻して東京に迫る。
27　福建一敗屍埋海　福建に一敗し屍は海を埋め、
28　臺灣失色滿朝轟　台湾は色を失ひ満朝に轟く。
29　吁呼四百餘州土地大　吁呼　四百余州の土地は大なるに、
30　何處不能成功名　何の処か功名を成す能はざらん。
31　吁呼四億萬民人口夥　吁呼　四億万民の人口は夥しきに、

32 豈莫一個出俊英　あに一個として俊英を出さざらんや。
33 吾生扶桑一寒士　吾は扶桑に生まれし一寒士なり、
34 夙慨東洋大勢傾　夙に東洋の大勢の傾くを慨く。
35 胸有六國合縱策　胸に六国合従の策有り、
36 欲向強秦試輸贏　強秦に向いて輸贏を試さんと欲す。
37 金城鐵壁豈要害　金城鉄壁あに要害ならんや、
38 自主獨立是甲兵　自主独立こそ是れ甲兵ならん。
39 萬里長城眞長物　万里の長城は真の長物にして、
40 願築人心萬里城　願はくは人心の万里の城を築かんことを。

【押韻】行、明、聲、迎、驚、平、觥、榮、衡、荊、生、横、盟、京、轟、名、英、傾、贏、兵、城（平聲庚韻）

【題意】長城行とは長城の歌。人の心に自主独立の強い決意、精神を築こうという主旨の歌。

【通釈】

1 明け方早くに北京城の南口から食糧を包んで出発するときに、
2 明け方の鶏の鳴き声が高らかに響く。
3 季節はまさに（十月）深い秋の暮れで空気は寒気が厳しく、
4 馬の蹄が堅く凍った氷を履み砕く音が響き星はまだ輝いている。
5 行き交う駱駝の群や羊の群隊で道路が混み合い、

6　重なりあう山々やいくえもの川が送り迎えをしている。
7　関門が要害の地を制圧して麋鹿さえも避けていき、
8　城壁のひめがきが天にそびえるように連なっているので空高く飛ぶ鳥を驚かす。
9　八達嶺の長城で馬上から四方を眺めると、
10　辺境はぼんやり霞み秋の草は平らに広がっている。
11　様々な思いが胸に広がって感動に絶えられず、
12　しばしば腰の瓢箪を外し杯に飲み物を注ぎ数杯も飲む。
13　堯、舜、禹、湯など聖王たちは思いやりのある政治をし、
14　中国全土はその王たちの栄えを仰ぎ、その恩恵を受けた。
15　秦の始皇帝、唐、宋王朝は力を持って天下を治める事業を行い
16　匈奴は均衡を破ってまで中国に攻め入ることはしなかった。
17　中国の正しい気風は今は全く尽きてしまって、
18　衣冠礼楽等の優れた文明の制度は雑草の中に埋もれてしまった。
19　明清時代の科挙の八股文は人間の知恵を埋没し、
20　政治は独断を尊いとし人民を愚かのままにする。
21　野蛮な民族＝欧米人はついに中国の上に出て来て、
22　アジアの草木までもがむなしく縦横に踏みにじられている。

咸豊年間からの阿片戦争に負けて、
恨みを飲んでついに南京城下で条約を結んだ。
近頃フランス人は戦いで猛威を揮い、
安南を片端から攻め取り東京（ハノイ）に迫っている。
福建で戦い、負けたときは死体は海を埋めるほどであったし、
台湾は日本に攻められ顔が真青になり世界中に知れ渡った
ああ、四百余州の中国は土地が広大である、
どこで手柄を立てることが出来ないということがあろうか。
ああ、（中国は）四億の万民の人口が夥しく多い、
どうして一人の学問才能が優れた人を出さないことがあろうか。
私は日本に生まれた貧しい地位低き人間ではあるが、
早くから、東洋の国々の勢が傾くのを嘆いていた。
胸に秦（西欧）に対抗する六国（アジア）が連合する計画があり
強秦（西欧）に対して勝ち負けを試そうと思う。
防備が非常に堅固な城壁が何の堅固な要塞と言えようか、
自主独立こそが鎧と武器で武装した兵士と言えるのである。
この万里の長城は無用な長物であって（役に立たない）、

40　願うのは中国人民の心に万里の長城を築いて欲しいことである。

【語釈】

○明治一七年（一八八四）一〇月一四日の作。作者は三三歳。

○長城行―「行」は「うた」の意味。また、「行」は「歌」「曲」などと同じく楽府体であることを示す。

○万里の長城―中国の歴代王朝が北方辺境防衛のために造った大城壁。戦国時代の趙・燕などが築いたものを、秦の始皇帝が匈奴に備えて大増築し、この名を称した。時代につれ位置を南に移し、明代にモンゴルに備えて堅固な城壁として整備された。現存のものは、長さ約二四〇〇キロメートル、高さ約六〜九メートル。幅四・五メートル。西は嘉峪（かよく）関（甘粛省）から、東は山海関（河北省）に達する。長城。

○咿喔―イアク。鶏の鳴き声。○凜烈―寒気のきびしいさま。

○闕門―名詞。出入りを取り締まる門。○麋鹿―鹿の類をさす。○雉堞―城のひめがき。○八達嶺―北京市北西の延慶県にある長城の要衝。○邊塞―都から遠く離れた国境の地、辺境。其の地を守る砦。○茫茫―広々として遙かな様さま。ぼんやり霞すんではっきりしないさま。○堯舜禹湯―堯、暦を作り、無為の治をなした。舜は堯の後、位を譲り受け帝位につき、堯と共に理想の天子とされる。禹は治水に功績があり舜から位を譲り受けた。湯は殷王朝の創始者、夏の桀王を討ち殷を建国し亳（ハク）に都した。四人は理想の政治をした聖王。○仁政―思いやりのある政治。○四海九州―四海は国内、世の中、天下、世界。九州は禹が全土を九つの地域に分けたもの。共に中国の意味。○秦皇唐宋―秦は戦国七雄の一。前二二一年政（始皇帝）の時六国を滅ぼし天下を統一。咸陽を都とした。二〇七年、三代十五年で、劉邦（高祖）に滅ぼされた。

○覇業―力を持って天下を支配すること。覇者の事業。○匈奴―前三世末から後一世紀にかけて、モンゴル高原を中心に活躍した遊牧騎馬民族。秦代末の二〇九年、冒頓（ぼくとつ）が単于（君主）となり北アジア最初の遊牧国家を建設した。○中州―世界の中央に位置する国、中国。○正氣―正しい気風、気性。○衣冠禮樂―衣冠は衣服と冠。それを着けた、天子・皇帝に使えている人。○榛荊―いばらなどの乱れ繁ったところ。榛ははしばみ。雑草。荊はいばら。とげのある小木の総称。○八股―明清時代科挙の答案に用いられた文体。四書五経から出題された章句の意について対句法を用いて八段構成で論説するもの。時文（明代の科挙の答案に用いられた文体）。制義文。○人智―人間の知恵、知能。○専制―上に立つ人が独断で思うままに事を処理すること。○蒼生―多くの人々。人民。蒼氓。○夷狄―東方の未開国を夷、北方のそれを狄といったところから、未開の民や外国人。野蛮な民族。○中華―中国人が自国をよぶときの美称。漢民族が自己を世界の中心とする意識の表現。○亞州―アジア。○咸豐―一八五一～六一年の十一年間の文宗帝時代の年号。咸豊年間におきたのはアロー戦争（一八五六～一八六〇）で、第二次阿片戦争とも言われる。作者が「咸豊」と言うのはアロー戦争を指すのかも知れない。または両者を混同したのかもしれない。○阿片役―一八四〇～四二年にかけて清国と英国との間に起こった戦争。清国は敗北し南京条約を結んだ。広州、福州、厦門、寧波、上海の開港、香港の割譲、賠償金の支払いなどが内容。○城下盟―南京城下の約束。○佛人―フランス人。○猖獗―猛威を揮うこと。○席巻―むしろを捲くように、かたはしから土地を攻め取ること。○安南―インドシナ半島の東海岸地方。この地方にベトナム人が立てた国。安南の名は、唐代、安南都護符が今のハノイに置かれたのに始まる。○東京―トンキン。ベトナムの北部地方。中心都市はハノイ。○四百餘州―昔、中国全土をいう。○四億萬民―中国の全国民。○俊英―学問・才能などが一より秀でていること、またその人。○扶桑―古代、中国で日の出る東海の中にあるとされた神木、またそれのある土地、日本の異称。○寒士―貧しい人。地位の低い人。○六國合縦策―秦に対抗するために他の六国が連合すること。○强秦―強大な秦国（ここは西欧をさす）。○輸贏―得失、勝ち負け。○金城鐵壁―金の城と鉄の城壁。防備の非常に堅固な城壁。守りが非常に堅いこと。○要害―地形が険しく守りに有利なこと、また、その場所。○甲兵―鎧と武器、武装した兵士。○長物―余計な、無用な物。

【余説】

○一～八句、道中の様子。九～一六句、八達嶺の眺望。一七～二四句、清末の情勢。二五～三二句、最近のアジア情勢。三三句～四〇句、自身の思いを述べる。構成をよく考えていて理解しやすい作品である。

98　弔十三陵明歴代墓

十三陵　明の歴代の墓を弔ふ

青山滿目翠層層　青山満目　翠層層たり、
欲問當時無宿僧　問はんと欲す　当時の無宿の僧に。
一路白雲與紅葉　一路の白雲　紅葉と、
西風吹錦十三陵　西風錦を吹く十三陵。

【押韻】層、僧、陵（平聲十蒸）。

【題意】明王朝十三代の王の墓に参拝して霊を慰める。

【通釈】
青山は見わたす限り青緑が一段また一段と重なっており、明を建国した太祖に、その後の皇帝たちが眠る十三陵を見てどう思うかたずねてみたいものだ。一本道の上には白雲と紅葉だけが見え、西風が錦織りの紅葉の十三陵を吹き動かしているのだった。

【語釈】
○明治一七年（一八八四）一〇月一四日以後の作。作者は三三歳。「遊清雑唫」の中の一首。○無宿僧━まだ世に出る前の朱元璋（太祖）が乞食同然の托鉢僧となって流浪していたことを踏まえていう。○十三陵明歴代墓━明代の成祖から思宗までの十三代の皇帝の墓で、北京市の昌平天寿山の南麓にある。

「附録」

176　初夏遊堀切　初夏に堀切に遊ぶ

長堤十里緑陰連　長堤十里緑陰連なり、
細雨如絲柳似煙　細雨糸の如く柳は煙に似たり。

水際風來蒲葉動　水際に風来たりて蒲の葉動き、
農歌斷續挿秧天　農歌は断続して秧を挿す天
【押韻】連、煙、天（平聲一先）。
【題意】夏の初めに堀切に遊んだときの思い出
【通釈】
十里の長い堤防上の樹木の緑の陰が切れ目無く続いている、
細い雨は糸のようであり、緑の柳は靄に似ている。
水面を吹いてくる風が蒲の葉を揺り動かしている。
農作業の歌があちこちから聞こえて、正に田植えの季節である。
【語釈】
○明治三六年（一九〇三）初夏の作。作者は五三歳。「附録」の中の一首。
○堀切―当時の東京市にあった町名。不詳。○蒲―浅い水中に生える一種の植物。○秧―なえ。苗。いねのなえ。

179　鎌倉

覇業茫茫五百年　覇業は茫茫たり五百年、
斷碑殘礎付荒煙　断れし碑残りし礎　荒煙に付す。

秋風寂寞漁村夕　秋風寂寞たり漁村の夕、
唯有潮聲伴客眠　唯だ潮声の客の眠りに伴う有るのみ。
【押韻】年、煙、眠（平聲一先）。
【題意】鎌倉（幕府）が滅亡してからの五百年余の歴史に思いを馳せた。
【通釈】
覇業ははるかに（昔に終わり）五百年余りがたって、
いまはただ石碑の断片、基礎の石だけが人気が絶えた中にある。
秋風が吹く漁村の寂しい夕暮れ、
ただ潮騒の音だけがする中で、旅人はねむりについているがその耳もとにきこえてくるのは潮騒のひびきだけだ。
【語釈】
○明治三七年（一九〇四）二月一〇日、日露戦争起こる。それ以後の作品。作者は五四歳。
○五百年―一一九三（建久三）年頼朝、征夷大将軍となり、鎌倉幕府を開く。一三三三（元弘三）年北条氏滅び、鎌倉幕府滅亡。それから五百年あまり（六百七十年余）たつ。
○礎―柱の下の基礎の石。

249　悼黄興次其所贈我詩韻
黄興を悼み　その我に贈りし所の詩韻に次す

慷慨平生撃節歌　慷慨す　平生撃節の歌、
英雄事業奈蹉跎　英雄の事業　蹉跎たるを奈《いかん》せん。
秋風今日故人涙　秋風は今日の故人の涙、
灑向春申江上多　灑ぎて春申江上に向かふこと多し。
【押韻】歌、跎、多（平聲五歌）。
【題意】革命の士・黄興が亡くなったので、むかし彼が私に贈ってくれた（七言絶句の）詩の（平声五歌）の韻字を使って（弔いの気持ちを込めた）詩を作った。
【通釈】
君（黄興）は平生天下のことを思って慷慨し、節を撃って歌ったものだ（君がかって私に贈ってくれた詩のように）しかし何とも致し方がないのは英雄の事業が多く躓くことである。
今日　秋風の中で　あなたの古い友人として　私の涙は、そそいで尽きず　全て春申江に向かっていくよ。

【語釈】
○大正五年（一九一六）の作。この年妻が死去。作者は六六歳。
○次詩韻―贈ってくれた詩の韻字を同じ順序で使って詩を作ること。○慷慨―世の中の不義不正や自分の不運を憤り嘆く。○撃節―拍子をとる。打拍子。共感したり力説したりすること。○奈―無奈、何ともしょうがない。○春申江―また申江とも称した。上海市境内の黄浦江の別称。

【人名】

○黄興＝一八七四～一九一六年。辛亥革命の指導者。一九〇一年日本に留学。三年帰国。陳天華らと華興会、同仇会を創立。四年最初の蜂起を計画したが、計画が漏れ、日本に逃れ、宮崎寅蔵を通じて、孫文と知り合い中国革命同盟会創立。その中心として、孫文と共に資金を集める努力をした。以後度々武装闘争の先頭に立ち、同盟会の最高指導者となった。その後、南京臨時政府の陸軍総長となったが、討袁の役（第二革命）に失敗して後は中華革命党に参加せず、孫文から離れてアメリカに亡命。雲南蜂起（第三革命）に資金を集めるなどした。一六年帰国後、まもなく過労による肝臓病で血と汗の生涯を閉じた。

【余説】

先に挙げた249番の作品は和篇である。これの原唱は、恐らく『鶉山詩抄』の巻頭部分に載せられている次に挙げる一篇であろう。

三十年來一放歌　三十年来一たび放歌すれば、
放翁身世任蹉跎　放翁の身世は蹉跎に任せたり。
毀家紓難英雄事　家を毀し難を紓《のぞ》く英雄の事、
獨向人間血涙多　独り人間に向かって血涙多し。

【押韻】歌、跎、多（平聲五歌）。

（詩に添えられている文章）

鶉山先生盡力國事、至老不倦。尤關心於支那改革之事。民國光復以來、獨揮偉論、無隔鄰観火之念、來遊出此詩。書此以鳴謝悃。黃興。

（鶉山先生は力を国事に尽くし、老いに至るも倦まず。尤も心を支那の改革の事に関はらす。民国光復以来、独り偉論を揮ひ、隔鄰観火の念無く、来遊し此の詩を出す。此に書して以て悃に鳴謝す。黄興）

この一組の唱和詩を詠むと、双方が相手の状況をよく理解し、思いを込めて作詩をしていることが分かる。

終わりに

『血痕集』の詩は、取り上げた作品が、入獄・出獄という特別な状況での作品である。そのせいでもあるが、作者の政治に立ち向かう態度が真面目で命がけであることがよく出ていると思う。

『鶉山詩鈔』の詩からは、作者の人間性の様々な面が見られる。

18からは、故郷を思う作者の優しさが垣間見える。

29は、作者の忠節の志が伺われる。

75からは、意気盛んな様が伺われ、

95長城行には作者の政治家として中国への思いが述べられており国際感覚と詩人としての力量がはっきりと見える。

98は中国の今は観光地となっている明王朝の墓地での思いを記す。

176今の東京では見難くなっているのどかな農村風景を描いている。作者の描写力のすぐれていることが分る。

179 今日の鎌倉からは想像し難いほどにさびれた様子と作者の感慨が伺われる。

249 は中国の革命の同志を悼む詩で、政治改革を目指し奮闘した者としての共感が伺われる。

各詩編を読んで、どの詩からも感じられるのは、鶉山の詩人としての一定の表現力と政治家としての強い姿勢が一貫していることである。以上はとりあげた作品についての感想である。

以上。

『鶉山詩鈔』所収詩作品番号表

『鶉山詩鈔』中の「窮愁一適」（一～七四番）

五言詩	合計	0
七言四句	作品番号	4 5 6 7 8 9 10 11 12 13 21 22 23 25 26 27 30 31 32 33 34 35 36 37 38 39 40 41 42 43 44 45 46 47 48 49 50 51 52 53 54 55 56 57 58 61 62 63 64 65 66 67 68 69 70 71 72 73 74
	合計	59
七言八句	作品番号	1 2 3 14 15 16 17 18 19 20 24 28 29
	合計	13
七言四・八句以外	作品番号	59（22句） 60（32句）
	合計	2
作品合計		74

『鶉山詩鈔』中の「遊清雜唫」（七五～一〇〇番）

五言詩	合計	0
七言四句	作品番号	76 77 78 79 81 82 83 84 85 86 87 88 91 95 98 99 100
	合計	17
七言八句	作品番号	75 80 89 90 92 93 94 96
	合計	8
七言四・八句以外	作品番号	97（40句）
	合計	1
作品合計		26

『鶚山詩鈔』中の「欧米漫遊雑吟」（一〇一～一四八番）

	作品番号	合計
五言詩		0
七言四句	102 103 104 105 106 107 108 109 110 111 112 113 114 115 116 117 118 119 120 121 122 123 124 125 127 129 130 131 132 133 134 135 136 137 138 139 140 141 142 144 145 146 147 148	44
七言八句	101 126 128	3
七言四・八句以外	143（七29）	1
作品合計		48

『鶚山詩鈔』中の「欧米再遊雑吟」（一四九～一五三番）

	作品番号	合計
五言詩		0
七言四句	149 150 153	3
七言八句	151 152	2
七言四・八句以外		0
作品合計		5

『鶚山詩鈔』中の「欧米三遊雑吟」（一五四～一六五番）

	作品番号	合計
五言詩		
七言四句	154 157 158 159 160 161 162 163 164 165	10
七言八句	155 156	2
七言四・八句以外		0
作品合計		12

『鶚山詩鈔』中の「附録」（一六六～二四九番）

	作品番号	合計
五言詩		
七言四句		
七言八句		
七言四・八句以外		
作品合計		

237（12句）	合計
1	1
167 169 170 171 172 173 174 175 176 177 178 179 180 181 182 183 184 185 186 187 189 190 191 192 193 194 195 196 197 198 201 204 205 206 207 208 209 210 211 212 214 215 217 218 219 220 221 222 224 225 226 227 228 229 230 231 232 233 234 235 236 238 239 240 241 242 243 244 245 248 249	
71	204
166 168 188 199 200 202 203 213 223 246 247	
11	39
216（28句）	
1	5
83	249

◎『血痕集』は全て七言絶句であり、一〇五首を収録。『鶉山詩鈔』とあわせて㈠の関係年表を参照されたい。

附録

杉田鶉山の二冊の漢詩集

杉田定一は今の福井県福井市波寄町に生まれた
杉田家は慶長以来の若越第一の豪農といわれ大庄屋を務めた
田畑は父仙一郎によって売られ定一の政治運動に使われた
「井戸・塀」も残らず屋敷跡には看板一枚が立つのみで
数十段登る丘の上の墓地も感謝尊敬した人々が建設したもの
父仙一郎は定一の教育に気を配り十〜十五歳の六年間は
三国の勤王僧・道雅に四書五経・資治通鑑等の儒学を学ばせ

名は定一号は鶉山《じゅんざん》というのを頂き政治家としての薫陶を受けさせた
十六歳には理財家で儒学詩文書画を嗜む武生の松井耕雪にも学び
翌年には実践躬行を説く福井藩校の吉田東篁にも学んでいる

十八歳の時に大阪の理学校でオランダ人から理化学を
二十歳には横浜で英語を東京の三崎嘯輔の塾ではドイツ語をと
和魂に儒学さらには洋才をも着々と身につけていった
この頃から政治への関心を深め
二十三歳の時にはいったん故郷の波寄村にもどった

二十五歳の采風新聞と二十七歳の評論新聞での活動で投獄された
二十七歳に東北と土佐へ遊説し板垣退助と自由民権運動を進め
二十九歳には郷里で地租軽減運動を指導し合間に紀行詩も詠み
二度の投獄と獄中の心情を「血の滲んだ痕」としてまとめ
明治十二年十月七言絶句百五首収録の『血痕集』を出版した
三十一歳「経世新論」を発行し筆禍で三度目の投獄に遇った

獄中の心情を詩集「窮愁一適」にまとめたが出版できなかった
三十四歳の「遊清雑唫」は欧米に浸食される中国へ共感を示し
三十七歳四十六歳五十歳の欧米視察の三詩集と附録の六詩集は
大正六年十二月六十九歳二百四十九首の『鶉山詩鈔』の刊行となった

二冊の詩集は　県民の為の三河川の改修　三国鉄道の敷設
我が国の殖産興業等の為の数度の外国視察　その意見報告
県会・国会の議員　北海道長官　衆議院議長等を務め
更には　中国革命に　アジア諸国民を思う活動にと
田畑を売り自己資金で戦った杉田定一の信念と感慨を綴る

定一は身体を張った体験と漢文学の知識と漢語を
才能を駆使し的確に記録し三百五十首余りの漢詩に表現した
各篇は日本を取り巻く明治・大正・昭和の空気を伝えており
今日の政治家や漢詩人集とは違った忠誠心と見識も見られ
文学作品としての魅力にも満ちた作品集となっている

＊　本稿は、『血痕集』と『鶉山詩集』を研究し、『杉田鶉山翁』（昭和三年一〇月、鶉山会発行）を主たる参考書としてまとめた。
なお、私は福井県日本中国友好協会から第七回「日中友好サロン」の講演を依頼され、二〇一三年七月六日、福井市鶉公民館で、演題・没後八五年記念「杉田定一の漢詩集に見られる中国との関わり」の講演を行った。一三〇名の参会者があり、幸い主催者や関係者からは喜ばれたが、更に多くの人に関心を持って頂きたいと考え、「詩と思想」二〇一三年一一月号に発表したものである。

『詩集　弐楽半のうた』前川幸雄著　土曜美術社出版販売　二〇一七年九月一日発行　七八～八一頁所収。

十三 「内藤敏夫（栖圃）先生漢詩集」註釋

前書き

福井工業高等専門学校の初代校長、内藤敏夫先生の漢詩の注釈を一冊に纏めておきたいという気持ちは、以前から持っていた。内藤先生が採用して下さったおかげで、私は二六年間を福井高専で過ごすことが出来た。そして、その間に内藤校長先生の福井高専に対するお気持ちが、この漢詩によく表現されていると感じてきたからである。しかし、きっかけが無く時間が過ぎた。たまたま昨年私は『鯖江の漢詩集の研究（論考篇）』を出版した。そして、今年こそはという気持ちになった。そこで、以前高岡和則氏が「日吉」（福井高専に勤務した教職員ＯＢ会の雑誌。年刊）に書かれたものも「高岡氏注」として記録し、前川が福井高専の紀要に掲載した①から⑲の項目の書誌を記載して、この注釈を出版することにした。

①書名、『内藤敏夫（栖圃）先生漢詩集　註釈』

（福井工業高等専門学校教官、前川幸雄及び高岡和則（蓬山）氏が内藤敏夫先生の作品を諸誌より蒐集した。それを前川幸雄が編集し表題の詩集名を付けた。）

②巻数、一巻。

③冊数、一冊。

④著者名、内藤敏夫（栖圃）。
⑤編者名、前川幸雄。
⑥出版地、福井市。
⑦出版所、以文会友書屋。
⑧出版年月日、平成二五年（二〇一三）一〇月二五日。
⑨丁・頁数、一二頁。
⑩写真数、無し。
⑪体裁、A5
⑫大きさ、縦二一cm、横一四・八cm。
⑬帙の有無、無し。
⑭所蔵者、筆者。
⑮作者履歴、内藤敏夫、号は栖圃。明治三七年（一九〇四）一一月二〇日、福井市脇三ケ町（旧足羽郡足羽村脇三ケ第四三号一一番地）に生まる。少年時代に、橋川時雄（号は子雍、酔軒。一八九四〜一九八二、八八歳にて没す）に漢詩を、京都帝国大学で経済学を学ぶ。昭和四年三月京都帝国大学経済学部卒業。後文部省に奉職、岡山医大、大阪大学を経て、昭和三二年一二月、京都大学事務局長を退職。大阪住友原子力工業株式会社宝塚研究所副所長。昭和四〇年四月、福井工業高等専門学校初代校長となり、同四五年一二月、M（機械科）、E（電気科）、C（工業化学科）、B（土木科）、四学科の完成を見て勇退。四九年一月同校名誉教授。昭和五一年一一月、勲三等瑞宝章受章。短歌を

得意とし、喜寿記念に『流転』を、傘寿記念に『静心』を上梓。平成一〇年（一九九八）四月二二日死去。九三歳。同年五月一九日、従四位。

⑯作品、後出。

⑰余説、昭和六三年（一九八八）福井工業高専専門学校　研究紀要　人文・社会科学　第二二号に「福井県関係現存披見漢詩集初探（第二稿）」を投稿する前の四月末、内藤先生の漢詩について先生に問い合わせをし、校閲をお願いした。内藤先生からは、「万事一任するから宜しく」とのご返事だけがあった。それで、（六）以外の詩を入手していたので、（一）から（五）の作品を、先生の経歴と併せて紀要に掲載した。以上は、二〇〇六年三月一〇日、付記す。

⑱研究文献、「題名無し　五首」（「福井県関係現存披見漢詩集初探」②143）、「栖圃内藤敏夫先生作絶句四首注釈」（『青塔』第三号、昭和四七年三月一八日発行）、以上二件は前川幸雄著、「内藤敏夫先生遺稿六首」（日吉会誌「日吉」故内藤敏夫先生追悼号、平成一〇年一二月一日発行）、以上一件は高岡和則著。

⑲所収作品（全作品）漢詩六首。

福井工業高等専門学校の学生会誌『青塔』第三号（昭和四七年三月一八日発行）一〇一～一〇四頁に前川幸雄が「栖圃内藤敏夫先生作絶句四首注釈」を書いた（ここでは、四句の詩型であるので「絶句」とし、あえて平仄には触れなかった）。それは次に挙げる（二）（三）（四）（五）の作品である。その後、高岡和則（蓬山）氏が日吉会誌「日吉」故内藤敏夫先生追悼号（平成一〇年一二月一日発行）五頁、六頁に、先の四首に二首を追加して紹介している。それは次に挙げる（一）（六）の作品である。そして、高岡氏はここで平仄についても言及している。（前川は註釈を付けるに際して、恩師、藤野岩友先生にご意見を伺ったことがある。藤野先生は、折口信夫先生門下で、短歌、漢詩も詠まれたが、内藤先生の漢詩については、校長先生の教育者としてのお気持を正確に伝えることに注意しなさい、とおっしゃった）

なお、校内の建物の名前が内藤先生の漢詩からとられているもの、寮の衝立に揮毫されているものなどがある。そこで、次に全作品を掲げ、注釈を付ける。今までの注釈には、前川・高岡氏の注釈共に【通釈】が無かった。今回は読者の便宜を考えて前川が【通釈】（口語訳）を付けた。

（一）福井高専

旭光燦日野靈山　旭光燦たり　日野の霊山、
白亞學舍聳青天　白亜の学舎　青天に聳ゆ。
創學精神嚴不渝　創学の精神　厳として渝（かわ）らず、
俊學輩渭集故山　俊学の輩　故山に渭集す。

【通釈】
日野の神聖な山に　朝日がきらきらと光り、
白壁の校舎が　青空に高くそびえ立っている。
学校を作り始めたときの精神は　少しも変わっていない、（そして）
才知の優れた学生たちが　故郷に集まっている。

【題意】福井高専の校舎と学生が学んでいる現況を詠う。

【語釈】

○旭光―朝、東から昇る太陽の光。○霊山―神聖な山。○白亜―白色の壁。○俊学―学問・才能などが秀でている学生。○渭集―清らかな仲間が集まること。渭水は中国甘粛省に源を発し陝西省の西安を東方に貫流し黄河に注ぐ。古来清いことで有名で「清渭」とよばれている。○故山―故郷、故里。

【備考】「高岡氏注」七言四句の自由詩。題名は高岡蓬山氏が内藤先生の了解を得て付けた。

（二）迎落成披露　落成の披露を迎ふ

拓斯途無倦　斯の途を拓きて　倦むこと無し、
日新又日新　日に新たに　又　日に新たなり。
諸心和不已　諸心　和して　已まざれば、
大成自瞭然　大成　自づから　瞭然たり。

昭和己酉神無月八日

【題意】（校舎、その他の）工事が完成し披露の日を迎える。

【通釈】

（学校を作るという）この道を開拓してから、飽きることなく励んでおり、つつしんで日に決意を新たにし、更に日毎に決意を新たにしている。多くの人の心が調和しまとまり　止まることがなかったから、優れた学校を作り上げられたことが　ハッキリして疑いも無いことである。

昭和四四年一〇月八日

【語釈】

○落成―工事が完成して校舎や建築物が出来上がること。○披露―披（ひら）き露（あらわ）し、広く人に知らせること。○斯途―学校を作るということ。○倦―飽きることがない。○日新又日新―『大学』第二段第三節の語をふまえる。「湯の盤の銘に曰く、苟みて日に新に、日日に新たに、又日に新たなり、と」。（殷の湯王の盤の銘には、「敬んで日に（徳を）新たにし、日々に新たにし、さらに日ごとに新たにする」とある）。○諸心―多くのいろいろな人の心。○大成―なしとげること。○瞭然―はっきりしている。疑いのないさま。明白であるさま。○昭和己酉―昭和四四年、○神無月―一〇月。

【備考】この詩は、昭和四四年一〇月八日校舎落成を記念して工業化学科教棟東側の芝生の緑地に建てられた高さ三米の記念碑に嵌め込んだイタリヤ産赤花崗岩に刻まれている。「高岡氏注」五言四句の自由詩。（古体詩又は古詩ともいう）。

また、『福井高専五年のあゆみ』の二四四頁に写真が出ている。「碑文は校長、書は福井大学教授　杉本長雲氏によるものである」と記されている。なお、キャンパス内にあるクラブ活動の施設「心和館」の「心和」はこの詩の第三句からつけられた。

（三）迎落成式有感　　落成式を迎へ感有り。

修學研精此處鍾　学を修むる研精　此処に鍾（あつま）り、
齊仰止日野靈峰　斉しく仰止す　日野の霊峯。
建學五歳已定礎　学を建てしより五歳　已に礎を定む、
誰知俊英輩出黌　誰か知らん　俊英輩出の黌なるを。

【題意】（校舎が完成し）広く人に知らせる式典のときを迎えて感慨を催した。

【通釈】
学問を修め精密な研究をする学生がここに集まっており、
みな一様に日野山の霊妙な峰を仰いでいる。
学校を建ててから五年が経ち　もう基礎は定めた、（そして）
誰が知ろうか　すぐれた学生が続々世に出る学校になったことを。

【語釈】
○修学―学問を修めること。○研精―詳しく調べる。精密な研究をする。心をとぎみがくこと、またその学生。
○鍾はあつまる。○黌は学校。

【備考】「高岡氏注」七言四句の自由詩。

（四）青武寮

盟友共寝食五歳　盟友　寝食を共にすること五歳、

青武學輩業將成　青武の学輩　業將に成らんとす。
欲永釋寮風後進　永く寮風を後進に釈（のこ）さんと欲す、
謂乃是和進敬愛　謂（おも）へらく乃ち　是れ　和進敬愛。
　昭和辛亥三月

【題意】学生寮・青武寮に寄せる期待を詠う。

【通釈】
同門の友と寝ることと食べることを共にして生活し五年が経った、青武寮の学生たちは学業がいま完成しようとしている。（そこで）今後長く青武寮の良い寮風を後輩に語り伝えて欲しいと思う、考えるに　それは和進と敬愛ということである。

【語釈】
○盟友―固い約束を結んだ友同志。○寝食―寝ることと食べること。○青武―福井高専の学生寮・青武寮。○後進―後輩。○和進―互いに仲良く勉め前進すること。○敬愛―後輩は先輩を尊敬し、先輩は後輩を弟のように可愛がり大切にすること。○辛亥―昭和四六年。

【備考】この詩は先生が昭和四六年三月、学生寮・青武寮の食堂の衝立に揮毫された。
「高岡氏注」七言四句の自由詩。

（五）追憶

仰之叡峯幾春秋　叡峯を仰之すること　幾春秋ぞ、
京洛於今古里愁　京洛　今に於いて古里の愁いあり。
栖圃山房名已卜　栖圃山房　名已に卜し、
晴耕雨讀又何求　晴耕雨読　又　何をか　求めん。

【題意】過ぎ去った昔に思いを馳せる

【通釈】
比叡山の峰を仰ぎ眺めるようになってから何年になったであろうか、京都が今や故里というものの　もの悲しい思いも浮かぶことだ。栖圃山房という書斎（家）名を占って住居を定め、悠々自適の生活をしている　何を求めようか何も求めない。

【語釈】
○追憶―過ぎ去ったことに思いを馳せる。追想。○叡峯―京都市と大津市にまたがる比叡山の峰。○春秋―春と秋で一年をあらわす。幾春秋は何年ということ。○京洛―東周以後、東漢、魏、西晋、北魏、后唐の都だった洛陽のこと、日本では京都を指す。○栖圃山房―作者の京都の書斎名。○栖圃は作者の雅号。田圃に住む、田舎に住むという意味か。○山房―山の中にある家、山荘。○卜―書斎名を占って決めたということ。○晴耕雨読―晴れた日には田畑を耕し、雨の日は家にこもって読書をすること。悠々自適の生活を送ることをいう。

【備考】下平十一尤韻の平起式七言絶句（近体詩）。先生が福井工業高等専門学校退任に当たって、色紙に書かれたもの。題名は、かつて高岡蓬山氏が先生に特にお願いして付けたものである。

（六）未醒創學夢　　未だ醒めず創学の夢

離任將一載有半　離任このかた　一載有半ならんとし、
融然佇日野塘畔　融然として佇む　日野の塘畔。
未醒越山創學夢　未だ醒めず　越山　創学の夢、
綠風伴雨裏瘦身　緑風雨を伴ひ　痩身を裏（つつ）む。

【題意】まだ学校を作り始めた頃の夢から覚めないでいる

【通釈】
退職し任地の学校を離れてから一年半余りになろうとしている、（ある日に）ゆったりした気持ちで日野川の堤防のほとりにじーっと立っている。（すると）越前の地で学校を作り始めた頃の（様々な思いが湧いてきて）まだ夢から覚めきっていない、おりから　初夏の風が雨をつれて細身の私を包むように吹いてくる。

【語釈】
○離任―任務、任地を離れること。○融然―心のびやかなさま。○塘―つつみ、土手。ここは堤防のこと。○畔―ほとり。○越山―越前の山地。ただし、ここは高専のある辺りを指す。○綠風―青葉を吹く初夏の風、薫風。

○痩身―内藤先生は背が高く痩身であられた。

【備考】「高岡氏注」七言四句の自由詩。

この詩は『福井工業高等専門学校十年史』の巻頭の写真「内藤先生離任の詩」より引用す。但し詩の内容からみて、昭和四七年七月図書館前の歌碑の除幕式に出席のおり、黒板に書かれたものと思われる。以上。

後書き

「初代校長　内藤敏夫」先生の肖像写真と「校舎落成記念碑」の写真は『福井工業高等専門学校二十年史』の巻頭の写真の頁に、「未覚創学夢」（「校舎落成と初代内藤学校長の退任」）は『福井工業高等専門学校十年史』巻頭の写真の頁に、「迎落成披露」は『福井高専五年の歩み』二四四頁に載っている。青武寮の「衝立」の「青武寮」の詩と図書館前の「歌碑」は、撮影されたものが、何かに掲載されたのを拝見したように思う。しかし、思い出せない。

それはさておき、この小著が内藤敏夫先生を知る方々が、先生との楽しい出会いのあれこれを思い出すきっかけの一つにでもなればうれしいと思う。

平成二五年（二〇一三）一〇月二〇日　元一般科目　国語・中国語担当　名誉教授　前川幸雄

内藤敏夫（栖圃）先生漢詩集　註釈

◆発行　平成二五年（二〇一三）一〇月三〇日
◆著者　内藤敏夫（栖圃）
◆注釈者　前川幸雄
◆発行所　以文会友書屋
〒910－0028　福井市学園二丁目四－二四
電話　〇七七六－二三－四九五〇番

附録

福井工業高等専門学校校歌

作詞　内藤　敏夫
作曲　古関　裕而

一、白雲《しらくも》かかる日野の嶺
川音冴《さ》ゆる吉野瀬や
越路《こしじ》の四季はめぐりつつ
五つとせはげむ学び舎《や》の
福井高専　わが母校

二、いよよ栄《は》えゆく日の本の
文化のひかり充《み》つる地に
高き技術を究《きわ》めつつ
使命は重き若人《わこうど》の
福井高専　わが母校

三、ああ人の世に生《あ》れ出《い》でて

大志いだける若き日を
沸《たぎ》る血汐に打ち仰ぐ
校塔とわにさきくあれ
福井高専　わが母校

「註釋・論考・初出一覧表」（福井縣漢詩文の研究）

◎一及び三から七までは最近一、二年以内に執筆した。
一―「悼橋本左内　四首」（松平春嶽作）は一九九〇年一二月頃注釈し今回一部改稿した。
二―「橋景岳哀辭」（松平春嶽作）は今年注釈した。
三―「民爲貴説」（松平春嶽作）註釋。
四―「墮淚碑」（吉田東篁作）註釋。
五―「留學へ出發する決意を述べる詩」（日下部太郎作）註釋。
六―「送橋本篤齋兄遊于攝津」（吉田惇＝後の岡田準介作）註釋。
七―「送橋本弘道遊浪華序」（吉田東篁作）註釋。
八―「橋本左内の漢詩に見える韓愈」研究、
・國學院中国学会報三八号、平成四年一〇月発行。
九―「橋本左内作『鷹巣山懷古、弔畑將軍』小考」
・福井大学言語文化学会「国語国文学」四四号、平成一七年三月発行。
十―「橋本左内作『謁新田墓、弔源左將公』考」
・國學院雜誌一〇六巻一一号、平成一七年一一月発行。
十一―「小笠原長守著『團欒餘興』研究

・福井大学言語文化学会「国語国文学」四七号、平成二〇年三月発行。

十二―「杉田定一(鶉山)の漢詩」研究

・福井県日本中国友好協会主催・第七回「日中友好サロン」講演・演題・没後八五年記念「杉田定一の漢詩集に見られる中国との関わり」、於・福井市鶉公民館・二〇一三年七月六日講演(原稿)。

十三―「内藤敏夫(栖圃)先生漢詩集　註釋」前川幸雄註釋。

・平成二五年(二〇一三)一一月、以文会友書屋発行。

後書き

本稿の資料、写真は、福井市立郷土歴史博物館、福井県立図書館、及び勝山市教育委員会様のご協力によります。福井市立郷土歴史博物館の印牧信明様には、写真、資料等について貴重な助言と協力を頂きました。また、勝山市教育委員会の山田雄造さまには小笠原長守公の写真の手配をして頂きました。厚くお礼申し上げます。

また、原稿をまとめた段階で福井県立図書館の長野栄俊様には、いくつかの不備について指摘を頂きました。誠にありがとうございました。なお、論考などは、旧稿を見直し、若干手を入れた箇所はあります。しかし、もちろん十分とは言い難いと思います。特にこの分野は未開拓の分野であり、研究者も少ないため、助言を頂く機会も無く、魯魚の過ちにも気付かないことがあります。お読み下さった方で、もしお気付きのことがありましたら、ぜひご教示いただきたいと存じます。

また、朋友書店様には、急な印刷出版のお願いをお聞き届け頂きました。

毎回ですが、土江洋宇社長、担当の石坪満様には感謝申し上げます。

平成三〇年（二〇一八）八月　　前川幸雄　記す

「増補改訂版」の作成に際しまして朋友書店様にご無理をお願い致しました。私の希望をこころよくお聞き届け下さいましたことに真底より感謝申し上げます。

令和元年一〇月吉日　前川幸雄記るす。

著者詩歴

前川幸雄（まえがわ・ゆきお）

◎（口語自由詩集）

一九七二年『青春哀歓集』（印美書房）

一九八二年『杭州旅情』（土星社）

＊一九八七年【中国語訳】馬培琬訳（中国和平出版社）

二〇〇五年『ほのぼの回想記』（福井県詩人懇話会）

二〇〇七年『西安悠遊』（土曜美術社出版販売）

＊二〇一一年【日本語・中国語対訳】易洪艶・韓率共訳（土曜美術社出版販売）

二〇〇九年『平成老楽吟』（以文会友書屋）

二〇一一年『前川幸雄詩集』新・日本現代詩文庫91（土曜美術社出版販売）

二〇一五年『縄文の里　讃歌』

―九頭竜川左岸にある三室山と遅羽町を詠う―（以文会友書屋）

二〇一七年『弎楽半のうた』（土曜美術社出版販売）

二〇一八年『思い出の中の上越と福井―詩と評論　記録―』（以文会友書屋内「縄文の会」）

◎（翻訳詩集）

一九八九年『大地の恋』田恵剛著　前川幸雄訳（品川書店）

一九九一年『櫻梅集』劉斌著　前川幸雄・馬国梅・睦幸子共訳（福井県詩人懇話会）

一九九五年『西安の詩人たち』（長安詩家作品選註）前川幸雄訳・解説（福井新聞社）

二〇〇〇年『田奇詩集』田奇著　前川幸雄訳（朋友書店）

二〇〇二年『赤　私のカラー』張虹著　前川幸雄・王少英共訳（朋友書店）

◎（翻訳小説集）

二〇一六年『孤独なバラ』田恵剛著　前川幸雄・鄭建共訳（朋友書店）

日本詩人クラブ永年会員。福井県詩人懇話会会員。(顧問)。
詩誌『青魚』、『詩彩』同人。「中国学」総誌「星海」、文学総誌「縄文」主宰。

著者略歴

前川幸雄（まえがわゆきお）

1937年福井県勝山市遅羽町（縄文の里）に生まれる。福井県立勝山高校普通科を卒業。國學院大学にて９年間学ぶ。1970年度文部省内地研究員（京都大学人文科学研究所）。1985年度文部省長期在外研究員（西安外国語大学）。福井高専（名誉教授）、上越教育大学、福井大学、各校教授。定年退職後仁愛大学講師等。中国文学、日本漢文学研究に従事。傍ら詩作活動を続け今日に至る。

◎（受賞歴）

平成６年　女神杯栄誉賞（中国陝西省作家協会）〈中国現代詩の研究と翻訳〉

平成20年　日中友好功労賞（福井県日中友好協会）〈漢詩文講座を通じての友好増進〉

平成28年　瑞宝小綬賞（内閣府）〈教育研究功労〉

令和元年　福井市文化奨励賞〈学術部門・漢文学〉

◎（主要研究書）

1977年『元稹研究』花房英樹・前川幸雄共著（彙文堂書店）

1980年『柳宗元歌詩索引』（朋友書店）

1995年『長安詩家作品選注（西安の詩人たち）』（福井新聞社）

2009年『橘曙覧の漢詩　入門』（以文会友書屋）

2015年『鯖江の漢詩集の研究』（朋友書店）

2018年『東篁遺稿』研究―吉田東篁と陶淵明―（朋友書店）

福井縣漢詩文の研究（増補改訂版）
―松平春嶽、吉田東篁、吉田惇、日下部太郎、橋本左内、小笠原長守、杉田鶉山、内藤栖圃の作品の研究と註釋―
（福井県漢詩文研究叢書）

二〇一九年一二月二五日　第一刷発行
定価　三〇〇〇円（税別）

著　者　前　川　幸　雄
発行者　土　江　洋　宇
発行所　朋　友　書　店
〒六〇六-八三一一　京都市左京区吉田神楽岡町八
電話（〇七五）七六一―一二八五
FAX（〇七五）七六一―八一五〇
E-mail:hoyu@hoyubook.co.jp
印刷所　亜細亜印刷株式会社

ISBN978-4-89281-180-7 C3092 ¥3000E